冤罪論

教養としての
冤罪論

關於冤罪的一百種可能

森 炎
Mori Honoo
著

〈推薦序〉

人審判人時會有的陷阱

李茂生

人有七情六慾，在集團內過活，紛爭自是難免。小事的話，雙方談妥即可，但是事情大到會影響集團生活，或是造成多數人的恐慌，那就必須透過公開的儀式就紛爭作個了斷，並公告周知。刑事紛爭及其解決可以說得很複雜，但是直白而言，不外就是這樣而已。

遠古時代，紛爭是靠雙方武力強弱的判定而獲得解決，其後公的司法確立，逐漸轉成由第三方來判定，此際判定的根據或合理性，就成為關注的重點。從神判到宣誓、十二名鄉親的認同、法定證據、科學證據、自由心證等，我們看到了合理化的根源從神祕力量發展到同儕見解或法律規定的世俗化過程。然而，更重要的是，這種發展其實僅是表徵了一件事情。此即，從頭到尾這個發展不過是人類心智的發達史而已。縱或在神判的時代，也是先有審判者的合理判斷後，才對心中已經認定是犯罪人的嫌疑者，令其手伸入油鍋，看看神是否透過受審者的燙傷來肯認人的審判結果。在只有肉體刑與死刑的時代，審判者的論斷將會帶來血腥，而這是與基督徒不得沾血的信仰不符的情事，所以身爲基督徒的審判者才不得已將認定過犯的責任推託給神。其並非否定人爲合理判斷的可能性。

如今，除了宣誓以外，似乎已經沒有任何神祕主義儀式的色彩，甚至連宣誓都披上了僞證威嚇的外衣，而墮入世俗世界。然而，發展到極致的人類心智是否眞的能夠擔保判斷的眞實性？

二十年前，我曾經寫過一篇論文，名爲〈自白與事實認定的結構〉。文中表明審判者只能確認司法語境下的共同主觀，其僅能認定當下大部分的人所能接受的事實，而非絕對的眞實。該文的用意不外是想提醒審判者，認定法律事實時，必須謙抑，不要認爲自己就是類神人。當年，評論這篇論文的前輩給了我非常嚴厲的批判，雖然不至於讓我放棄對人類心智完整性或完美性的質疑，但也令我從此不再撰文論及審判者的顢頇。

坊間有許多論述科學證據不可靠的論著，但是通常都是以新科學破除舊科學的方式爲之。尚未見過以人類理智的侷限來全面性討論人審判人時會有的陷阱的書籍。森炎這位日本的法官，以他從事審判工作的經驗，寫出來了。除了他所羅列出來的諸多誤認的陷阱外，更重要的是，他傳遞了一個必要不可或缺的概念。這就是所有的有罪審判結果都有「冤罪的可能性」，而這個冤罪性絕非一句「不容合理置疑」就可以解消掉的。

本文作者爲台大法律學院教授

〈推薦序〉

公民審判時代的防冤精神

羅秉成

本書作者森炎律師，曾任法官，著作等身，且兼有審判及辯護之實務經驗，其在日本施行刑事裁判員制度五年後，於二〇一四年出版本書，深具時代意義。本書以犯罪構造圖分析日本戰後冤案（包含已平反、救援中的冤案，以及疑似有冤情案件），提出發現冤案的七道線索，期使參與刑事審判的公民（裁判員）認識案件的「冤罪性」，並可憑藉著對案件的「冤罪感」，作出有罪、無罪的判斷。

雖然本書是爲人民參與審判的新制所著，然而，台灣冤獄平反協會引介此書並不只是爲迎接人民參與審判制度而預爲準備。毋寧是期待透過本書邀請更多人與我們一同看見冤罪，思考冤罪。

依據二〇〇四年至二〇一四年台灣高等法院暨各分院刑事再審案件收結情形統計，我國每年准予再審之比率約爲千分之五，而若以爭取冤案平反（爲被告利益之再審）情形來計算，開啓率更低。難如登天的再審，使可能蒙冤的無辜被告坐困愁城。

關於冤案，我們談論許多，但在欠缺有體系的冤案分析之下，冤獄好比深夜幽靈，親身經驗者，獨自感受蒙冤之苦，卻難以說服那些不認爲案件有疑有冤的法官。司法對冤案的回應往往是迴避，不願正視，實則主張冤判的被告與作出有罪判決的法院，外觀上形同對立，對話也難以開啓。

本書發掘七道線索，將冤罪成因類型化，試圖建立冤罪對話的框架。作者提出「審判並不是發現眞實的場域」、「審判制度沒有發現眞相的能力」等命題，跟隨作者的深入分析，讀者也許能從中自然而然地在心中形成自己的「冤罪感」。

本會於二〇一四年譯介之《路人變被告》一書，是透過諸多案例讓我們看見冤案的形成，而本書就是要讓我們學習如何自審判者角度發現冤罪（風險）。作者以系統化的方法進行冤案分析，正是本土研究所或缺的，而透過作者對於冤罪的理解與討論，我們或可不必再殷殷期許審判者落實無罪推定，或卑望執法者謙抑自省等教條般的道德誡命，而是可以透過類型化的冤罪因素展開對話。

基此，本書的意義已不只是提供給公民參與審判之用，更帶給我們經過批判後的冤罪思考，值得推薦給所有爲冤案辯護的律師、訴追犯罪的檢察官、職司審判的法官，以及關心司法正義的公民朋友。

近年來，透過組織結合群力，專注於冤罪救援的無辜者運動於世界各地逐漸展開，蔚爲風氣。本會二〇一五年度論壇邀請日本冤案救援律師佐藤博史（足利事件辯護律師）、小川秀世（袴田事件辯護律師）以及學者笹倉香奈、稻葉光行教授來台參加與談，開啓冤罪救援台日交流之新頁，而日本也將於二〇一六年成立民間的冤案救援組織，期待本書的出版，得以加深台日冤罪救援的交流與互動。

本書是由洪維德律師、謝煜偉教授帶領一群法律、日文雙棲的優秀譯者劉家丞、孫斌、白禮維、洪士軒、趙政揚、郭亭妤、顏榕、林廷翰逐章翻譯，自二〇一四年五月，歷經十六個月、二十三次討論，始完成譯稿。感謝譯者們爲我們譯介這本重要的著作，並感謝洪維德律師、謝煜偉教授的校訂及李茂生教授費神監修，提升本書翻譯品質。

冤罪是絕對的不正義，但卻不可能完全消除。如果每一個無辜被告都必須耗費二、三十年的光陰來爭取平反，實讓無辜者承受此一絕對不正義的痛苦再乘上百倍。期待本書的引介，得使冤案可以不再是喊冤者隻身與法院的對抗，而是各方一同爲了減少這絕對不正義的合作與對話。

是爲序。

本文作者爲律師暨台灣冤獄平反協會理事長

CONTENTS

CONTENTS

CONTENTS

前言

裁判員制度的實施開啓了公民進行刑事審判的時代。

無庸置疑地，刑事審判中最根本的問題就是分辨「有罪」與「無罪」。受審判的刑事被告要不就是犯罪者，要不就是被冤枉的無辜公民。在法庭上對峙的審判者與受審判者，很可能其實是「同一邊」的人，兩者說不定在什麼時候會互換角色。

也就是說，裁判員制度最重要的一個面向是，公民的權利與自由是由同屬公民的他人來守護。對於公民參與、司法民主化的理念的追求，不僅是要由公民來對犯罪者科處刑罰，更重要的是由公民來捍衛同屬公民者的自由與權利。公民必須自己捍衛「無罪的正義」。

所謂「冤罪」就是無辜的被審判者受到有罪判決。據說，冤罪的「冤」字是取自兔子被抓住而無法逃脫的樣子。而最極端的冤罪是死刑冤罪，也就是無辜的人被處以死刑。

毫無疑問，冤罪是一種絕對的不正義。

從審判者的角度來看，冤罪現象代表由審判者自己製造出了絕對的不正義。若公民在審判中出錯，就是在這個世界上製造出絕對的不正義，也就是「絕對惡」。裁判員制度使得公民必須肩負「烈日的責任」（譯按：日文中有以「烈日」來譬喻「嚴厲的刑罰」或「嚴厲的權威」的用法。日本檢察官的徽章就是以「秋霜烈日」爲設計概念）。爲了不要受到「絕對惡」的批判，公民無論如何都必須堅持「無罪的正義」。

那麼，要怎麼做才能達到這個目的？

裁判員只要憑公民的感覺來作判斷即可。這（應該）是公民參與審判不可或缺的條件。那麼，只憑公民的感覺，要怎麼做才能避免誤判，防止冤罪的發生？本書的宗旨，就是要指出達成這個目的的方法。

本書要把冤罪的各種特徵以及產生冤罪的種種機制，以意象的方式加以呈現。只要有了這些一般性的印象，公民在面臨實際案件的時候，應該就可以大概了解什麼地方會產生什麼樣的「冤罪性」，可以感覺到、抓到「冤罪性」這個審判中的動態。

冤罪常常要經歷法律學者或人權團體持續數十年的批判活動後才得以平反；以戰後冤罪被平反的殺人案爲例，從被告被逮捕開始到再審獲判無罪爲止，平均年數是三一．一年。我們必須要避免這種彷彿無止境的等待。換句話說，我們必須要把二十年後、甚至三十年後才會被釐清的情況，轉變成「現在式」。

本書將分析戰後日本的重要冤罪案件；分析的重點不在於冤罪的結果，而在於案件如何變成冤罪的過程。另外，本書不是要分析個別案件的具體內容，而是要從各個案件中掌握更具有一般性的「冤罪性」。因此，為求思考效率，本書將對冤罪現象與有關冤罪現象的論述作一定程度的簡化，進行必要的類型化及單純化。

到目前為止，法律學者與人權團體在冤罪批判中所做的，都是鉅細靡遺、資料量龐大的研究活動，而本書必須簡化這些研究結果。雖然就「簡化」本身是否妥當或許容有爭議，但此刻無須討論這個問題。因為，除此之外已經沒有俯瞰冤罪的特徵以及發生機制的方法了。

透過思考的整理及勞力的節省，抽取出冤罪的一般特徵及發生機制之後，就能以之為媒介，而最終可以獲取作為審判中的一種動態而存在的「冤罪性」。這就是本書的論述方法。

一言以蔽之，本書是要嘗試讓「以日常感覺就能掌握到冤罪」這件事成為可能。

另外，在審判中對「有罪」、「無罪」所下的判斷，就是對犯罪事實的有無的認知。換句話說，這是以犯罪事實為認識對象的一種認識論的問題。廣義而言，這是屬於在思想、哲學領域會被論及的認識論的問題。

哲學上的認識論與存在論有很密切的關係，與正義論、權力論也有一定的關聯。同樣地，我們的討論也一定會涉及冤罪的存在論、正義論以及權力論。這個討論的整體構想有什麼樣的意涵？對公民揭示了什麼樣的意義？想知道這些問題的答案，請進一步讀下去。

序章

公民判斷有罪、無罪的唯一方法

「公民審判」的成立條件

在裁判員時代的新式審判中，站在審判者立場的公民僅憑公民的感覺來進行審判。裁判員審判平均約三、四天，長則二、三週左右就會審理終結；這完全是一種短期決戰，宛如狂風怒濤一般的活動。

那麼，爲什麼可以把法律、證據都放到一邊，只憑藉公民的感覺，在短期間內決定有罪或無罪？這樣能稱爲審判嗎？連「死刑」或「無罪」也可以用感覺來決定嗎？

這些問題的答案，就存在於「冤罪感」之中。

本書企圖以迄今爲止發生過的冤罪爲素材，呈現出存在於它們過程中的各種冤罪性的類型以及風險。本書也將分析戰後日本的主要冤罪，以便將冤罪的特徵及發生機制以類型概念的方式呈現；這也是馬克斯•韋伯建構出「理念型」的思考方法。

借用這個偉大的社會、經濟、政治學者所提出的理論模型，冤罪論應該會有以下階段進程：首先，將具體的冤罪現象予以類型化，以抽取出作爲理念型的「冤罪性」。確立「冤罪性」的理念型以後，就可能再次建構現象本身。再次建構的機制啓動以後，原本複雜交織的各種現象就會自然而然地建立起秩序，產生意義，變得單純、明確。最終，身爲主體的我們，一定能對之有清楚的認識。

不知道該說是幸還是不幸，戰後的日本發生了大量的冤罪，所以本書不缺研究素材，應該足以完成具通用性的類型化。

如果能成功抽取出各種「冤罪性」的理念型，那麼就等於以意象的方式呈現了「有罪」與「無罪」的分歧點，揭露了足以得出結論的審判理路。

了解這種意義的「冤罪性」，就等於掌握了法律上與證據上的問題（本書把這種意義的冤罪性，稱爲「理念型的冤罪性」或「類型化的冤罪成因」）。

另外，這也意味著只憑日常生活的感覺，掌握冤罪的一般知識。我們可以說，由此所得到的是一般公民所具有的「冤罪感覺」。

在檢視實際發生的案件時，就算案件本身非常複雜，只要照著這種「冤罪感覺」，複雜的內容自然而然就會有了秩序，產生意義，變得單純而明確。甚且，我們理應能夠察覺其中哪裡藏有冤罪的風險，或者至少有察覺的可能。

也就是說，有可能察覺到「現在式」的冤罪風險（現在存在的風險）並且加以反應。

如果可以察知潛藏在案件中的「冤罪性」，那麼其實就等於完成了對於案件的法律評價與證據評價。（本書把這種意義的冤罪性稱爲「冤罪風險」。所謂「冤罪風險」是指透過「類型化的冤罪成因」所得到的風險感覺。）

我們在此確認了一個重點：由公民所進行的新式審判的確僅憑公民的感覺就能運作。只要有冤罪感，就可以把法律與證據放在一邊，以冤罪感來決定是否有罪。實際上，如果公民具有眞正的冤罪感，就可以藉此恰當地判斷「有罪」還是「無罪」。之所以可以由裁判員進行「審判」，其理由也在此。

就算是死刑案件也可以僅憑公民的感覺來加以判斷，這同樣是因爲公民的感覺裡面含有冤罪感。反過來說，也只有在這種情況下，才可以用公民的感覺來判斷死刑案件。如果沒有冤罪感，而僅憑一般的感覺來做決定，那麼審判就會變得自我矛盾了。

所有的刑事案件都是冤罪案件

本書要處理的是冤罪現象，而不是深入探討單一案件的詳情。

本書並非以微觀的方法詳盡地分析冤罪，而是要以宏觀角度來俯瞰戰後的冤案，以釐清並重構對冤罪案件的理解。而其中最重要的目標，是建立具有洞察作用的理念型。

我們不是要進入冤罪的森林深處，而是要把「冤罪性是什麼」拉出來，擺到公民眼前。藉此，有關冤罪的各種知識應該會變成公民養成中的「知」。如此一來，「冤罪感」

無疑地會成爲一種公民感覺。

另外，本書與常見的「絕對不容許冤罪」之類的論述並不相同。冤罪是不正義的。但是冤罪的結果與冤罪的風險是不同的兩件事。冤罪的結果是絕對的不正義，而出現在審判者眼前的冤罪風險則是決定「有罪」或「無罪」的判斷要素。與成爲一種公民感覺的「冤罪感」有關的，是後者。

在「審判」這種精神活動的動態中，一定會有發生冤罪的風險。在審理任何案件的時候，都必須考慮該案件所含有的冤罪風險，以作爲判斷「有罪」或「無罪」之用（實際上，如本書後面章節將提到的，就算是被告在法庭上自始至終都認罪的案件，也會有冤罪）。在刑事審判中，於作出結論之前，皆有可能會發生因冤罪風險而形成的糾結難解狀態。冤罪風險是審判進行中極爲重要的一種現象。

所以，與其說「絕對不容許冤罪」，毋寧說是「所有的案件都是冤罪」。這麼說並沒有任何弔詭之處；正因爲如此，公民必須知道冤罪風險。我們不能把冤罪想成是極少發生的、例外的不正義，而是要以「一直存在著的風險」的概念來思考它，如此才能妥善地進行審判。（本書將個別的冤案的眞相稱爲「冤罪實相」，用以作爲與「冤罪風險」相對的概念。）

審判並不是發現眞實的場域

迄今在職業法官制度下，刑事審判都被認爲是發現眞實的場域。或者至少可以說，這種傾向在以往的審判中是很強的。「精密司法」理念下的基本前提是：只要將法律上、證據上、審判準則上的論理予以精緻化，應該就可以確定眞相。

「發現眞實的場域」是一個很好聽的說法，但是其中有很大的問題。像犯罪這種已經發生的事實，是無法用實驗或觀察來確認的。關於這一點，亦即嚴格來說眞實或眞理是無法確知的，從現代分析哲學以降，在思想、哲學領域中，已經逐漸變成一種常識。

那麼，在裁判員制度下又是如何？

由於裁判員制度的實行，日本的司法由官僚司法轉變爲公民的司法，同時也被認爲從「精密司法」轉換爲「核心司法」。司法當局本身也承認了這一點。

所謂「精密司法」的概念，是指身爲司法官僚的職業法官經年累月、極盡詳細地審理案件，將法律上、證據上及審判準則上的論理加以精致化，像精密的機械般進行司法審判。

所謂「核心司法」的樣貌，則是身爲裁判員的公民在短期間的審理中掌握案件的核心，並以公民的感覺直接進行審判。

捨棄精密司法就等於是拋棄了審判的眞實發現主義。審判已經不再是發現眞實的場域。實際上，如果考量到裁判員制度中案件的審理期間、公民的負擔限度等問題，就可以知道無法發現完整的眞實。不過我們無須對此感到憂心，而是應該把它當成一個改革的契機。因爲，本來就無法做到絕對的眞實發現。

公民審判是社會的審判場域

日本的司法從發現眞實的場域變成另一種場域。絕對的眞實發現主義已經崩解。

那麼，日本的司法變成怎樣的場域？我們可以說，它變成一個表現「社會如何應對」的場域，一個社會應對犯罪現象、賦予它意義以及定位的場域。

某個社會學的見解主張，處罰犯罪的根據或目的並不在於犯罪的預防或眞相的釐清，而是在於喚起共同體的社會連帶感情（《非常識的社會學》〔脱常識の社会学；*Sociological Insight: An Introduction to Non-Obvious Sociology*〕，Randall Collins 著，井上俊、磯部卓三譯）。

當然，裁判員審判也應該追求眞實。就算有一定的限度，也應該以探究眞相、發現眞實爲目標。然而，這個追求受到一定的限制。眞實的發現不得不在一定的範圍內爲之，所以就無法把它當成裁判員審判中最重要的本質。審判最重要的本質已經轉變爲賦予犯罪現象一定的社會意義。

一言以蔽之，公民審判就是社會進行審判的場域。

我們在有關公民審判的討論中強調，比起冤罪的實相，冤罪性的理念型或冤罪風險更爲重要。這個主張與「從精密司法到核心司法」，以及「從發現眞實的場域到社會進行判斷的場域」的趨勢，是相呼應的。

審判的社會分工論

在刑事審判中，運用了法醫鑑定、精神鑑定等等各種各樣的專業鑑定。這些鑑定在公民進行的審判中會變得如何呢？

DNA鑑定等法醫鑑定在實際的審判中扮演極爲重要的角色。另外，在責任能力的有無成爲爭點時，精神鑑定是不可或缺的。在毒殺案件中就會有毒理學鑑定；爆炸案件中會有關於爆裂物的工學鑑定；在縱火案件中會有關於燃燒經過的工學鑑定。即使是指紋是否相符，也需要指紋比對的鑑定技術才能確認。

這個議題跟冤罪相關的部分在於，這些鑑定是否完備、是否正確，常常是有問題的。例如，在廣爲人知的冤罪入門書，亦即小田中聰樹所著的《冤罪是這樣被製造出來的》（冤罪はこうして作られる，講談社現代新書）書中有這樣的論述：

「冤案的第四個特徵是，法官對於鑑定的無條件且無批判的信賴。有問題的鑑定被採爲重要的有罪證據而作出誤判……所在多有。」

「再次驚覺到，在誤判案件中，錯誤的鑑定所扮演的角色有多麼重要，不由得產生一種『誤判的背後必有錯誤鑑定』的感覺。」

「法官在對鑑定進行評價時，必須就鑑定人的能力及技術、鑑定資料的狀態、鑑定的程序、方法、檢查結果、結論等等，一一做討論。」

以法醫鑑定來說，它本來應該是最專業、準確性最高的客觀證據，但是實際上還是出現過錯誤的鑑定。戰後日本具代表性的法醫學者，以古畑種基博士（東大法醫學教室教授，曾獲頒文化勛章）爲首。不過戰後的冤案中，有很多是因爲古畑博士所做的鑑定而發生的。

然而，（弔詭的是）這是必然的。之所以這麼說，也是因爲古畑博士是享譽國際的科學家，具有他人無法比擬的成績。他不只是日本法醫學界的第一人，更因爲發現ABO血型而在血液鑑定領域凌駕伯恩斯坦（F. Bernstein）與摩根（WTJ Morgan）等歐美的權威，成爲名符其實的世界頂尖研究者。（譯按：由於古畑博士居於絕對的權威地位，因此他人也更不容易發覺或指摘其錯誤。）

所以，前述小田中的著述所說之事縱使想法正確，在公民審判的時代也難以落實。就算作爲審判者的公民無法看出鑑定的錯誤，我們也難以去追究他們的責任。

就此問題，現實上的考量是必要的；同時，它也跟現代社會的高度分工特質有關。根據社會學者紀登斯（Anthony Giddens）的說法，我們當前所處的「高度現代性」（High Modernity）的時代，無法不依賴專家系統而生存（《現代性之後果》〔近代とはいかなる時代か；*The Consequences of Modernity*〕，Anthony Giddens 著，松尾精文、小幡正敏譯，而立書房）。

在現在這個時代，也就是裁判員時代，我們只能更積極地將「審判」這個「社會進行判斷的場域」，在社會分工中予以定位，承認「審判的社會分工論」是公民審判論的一環。

當然，縱使如此，也不能放著錯誤的鑑定不管。那麼，在現行法制度下，如何才能糾正錯誤的鑑定？我們將會在本書最後討論這個難題。

冤罪性模型的案件群

下一章以降，本書將廣泛地舉出有冤罪嫌疑的案件來進行討論。

本書所舉案件是由以下幾種不同層級的案件群所構成：

第一類是確實屬於冤罪的案件。這些是由法院在上級審或再審階段正式認定的冤罪。也就是：一、一度被判有罪，後來在控訴審（譯按：在日本，第二審稱爲「控訴審」，由高等法院審理）或上告審（譯按：在日本，第三審稱爲「上告審」，由最高法院審理）改判無罪的案件；二、從第一審到最高法院都有罪，在有罪判決確定後的再審才改判無罪的案件。

在這種案件類型中，最具戲劇性及嚴重性的案例就是死刑判決確定後再審改判無罪的情形。像這樣被告差一點就被執行死刑的冤案，在戰後共有四件（免田案件、財田川案件、島田案件、松山案件）。

第二類是雖然沒有被正式認定爲冤罪，但是日辯連（譯按：日本辯護士連合會，相當於我國的律師公會全國聯合會）認定具有高度冤罪可能而決定協助再審的案例（以下稱「日辯連協助再審的案件」）。日辯連協助再審的案件，是向日辯連人權維護委員會陳情人權受到侵害的案例中，有證據可認爲具有冤罪可能的案件。從「協助再審」這個用詞可以知道，在制度性質上是限於有罪判決確定後的階段（也就是上述第二種狀況）。

嚴格來說，日辯連協助再審的案件並不能算是冤罪。然而，看看戰後日本的冤罪史就可以知道，正式的冤罪（前述第一類）中有很多本來是日辯連協助的案件，而支援的結果是平反冤罪取得勝訴。例如，前述四大死刑冤罪案件原本全部都是日辯連支援的案件。日辯連協助再審的案件可以說是「形成中的冤罪案件」。

本書的目的是要在審判活動的動態中掌握到冤罪性。因此只討論冤罪的結果是不夠的；在思考冤罪性時，顯然無法忽視這些可以稱爲「形成中的冤罪案件」的存在。

第三類則是第一類、第二類以外，疑似有冤情的案件。日辯連協助的再審案件在制度性質上僅限於有罪判決確定後的再審階段，而且限於日辯連受理的人權受到侵害的陳情案件，所以除開日辯連協助再審的案件外，還是有冤罪可能性高的案件存在（例如三鷹案件等）。

冤罪性模型必須充分包含冤罪性的各種面向。爲了更清楚地刻畫出冤罪性的各種面向，我們把第三類案件群也納入討論。其中有很多是法學者或曾任法官的法律人等積極投入協助的案件。

另外，限於篇幅等因素，本書無法把戰後日本的冤罪都表列出來。原本想要將各案件的概要與審判經過整理成精簡的內容，作爲本書的附錄，但是後來發現，再怎麼精簡也需要花上本書兩倍以上的頁數。

因此，書中採用的方法，是在各章中以冤罪的案類（特別是殺人罪）爲核心，在適當處具體論及案件內容。各個冤案第一次在文中出現時，會以粗體字顯示案件名。其中，在案件名之前標記 ☆ 記號的案件，是前述第一類的冤罪，也就是法院正式認定爲冤罪的案件。

另外，在本書中，除了以上的案件群，偶爾也會提到一些一審獲判無罪的案件。這種直接無罪確定的案件，無論在任何意義上都不能被稱爲「冤罪」（毋寧說，這才是正常的司法過程）。不過若從徹底遵守「無罪的正義」的觀點來看，不能小看這些案件的重要性。

第一章

刑事審判中的「證明」是什麼？

審判的超不完全性定理

在刑事審判中，有關犯罪的成立，不可能要求到百分之百的證明。審判中的證明跟數學上的證明與邏輯學上的論證是不同的。這一點無庸置疑。

所以，無論在審判中提出什麼證據或提出多少證據，都無法完全消除冤罪的風險。這一點也是無庸置疑的。

所有的刑事案件確實都含有冤罪的風險，無一例外。在被告爭執說「不是我做的」的案例中，當然是如此；而即使從偵查階段到裁判員審判結束的整個程序中，被告始終認罪，還是會有冤罪的風險。經一審法院判處死刑以後，翻供否認的案例並不少見。更進一步而言，也曾發生過從頭到尾被告都承認犯罪事實，卻在判決確定且入監服刑以後，才確認眞凶的冤罪案件（☆**富山・冰見連續婦女性侵的冤罪事件**等）。

審判者終究無法避開冤罪性。

正因爲如此，本書才主張公民應該要建立冤罪感，並且了解冤罪風險。最後的問題則會是，在我們所面臨的具體案件中，冤罪風險的種類、程度（大小），以及公民如何對冤罪風險作出反應、採取什麼行動。

犯罪證明的成立與不成立

在刑事審判中，必須證明：「誰」、「在什麼時候」、「在什麼地方」、「對誰」、「犯了什麼罪」。理想上，就這些事項的全部都必須以證據來加以證明。

就這個證明對象（也就是犯罪事實；在審判中通常簡稱為「事實」）與證明方法（也就是證據）的全貌，可以用「犯罪構造圖」與「證據配置圖」來表示。

首先是犯罪構造圖。

犯罪的證明必須以回答下列問題的方式來進行（譯按：由於中文文法與日文文法之差異，就最後兩個W，中文版的排序與原文不同。原文為「What」在先，「How」在後；中文版為「How」在先，「What」在後）：

誰（Who）？

在什麼時候（When）？

在什麼地方（Where）？

對誰（Whom）？

如何做（How）？

做了什麼事情（What）？

就這六個W（Who、When、Where、Whom、How、What），在刑事審判中是以下列方式來表示犯罪事實：

被告X（Who）
在犯行發生時段（When）
在犯罪現場（Where）
對於被害人V（Whom）
以勒頸的方式（How）
殺害被害人V（What）

犯罪構造圖

把這六個W排列起來，就是犯罪構造圖。

只是這六個W並非單純地從上而下排列。犯罪構造圖有以下的特點：

首先，在犯罪的證明上，這六個W分為「上面三個W」（Who、When、Where）與「下面兩個Ｗ」（How、What）。中間的「Whom」暫且先放一旁。然後，「上面三個Ｗ」跟「下面兩個Ｗ」之間，就認識論而言，有一個由上而下發揮推定作用的箭頭。

在刑事審判中，在大多數的情形下，第一階段要證明的問題是「上面三個Ｗ」：誰在犯罪發生時段出現在犯罪現場。這被稱爲「在場證明」。

接著，完成上面的證明後，多半會進入「下面兩個Ｗ」的證明階段。也就是採取下述的論理過程：先確定某個人物Ｘ在犯罪發生時段在犯罪現場，再以此爲前提逐步探討「Ｘ在犯罪現場用什麼方式做了什麼事情」。

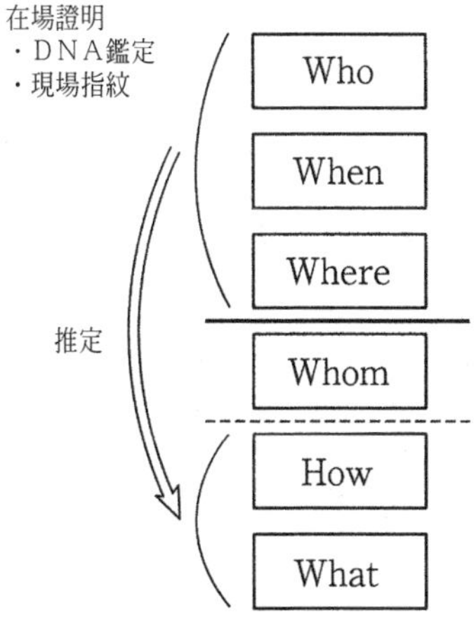

犯罪證明概念圖

爲什麼要用這種方式呢？因爲除非有監視影像把犯罪行爲從頭到尾都錄了下來，否則要一舉證明上述六個Ｗ是不可能的。

使用實線與箭頭來表示上述特性，「犯罪構造圖」就完成了（參照上方「犯罪證明概念圖」）。

證據配置圖

出現在刑事審判中的證據都跟「犯罪構造圖」的「六個W」中某一個W有關。我們以「證據配置圖」來表示這個對應關係。

例如，DNA鑑定與現場指紋被認爲是科學辦案的精髓，也被認爲是現代刑事審判中最客觀且證據價值最高的證據。而這兩項證據是對應於「上面三個W」。DNA鑑定與現場指紋顯示了，該DNA或指紋的擁有者（X）於那個時候，人在那個地方。

此外，不只是在場證明，前面所提的由「上面三個W」指向「下面兩個W」的箭頭，也發揮了推定的作用。比方說，假設某公寓住戶V被發現陳屍在他所居住的房間，而在那個房間所採集到的指紋或身體組織的DNA跟X的指紋或DNA一致時，則X就會被懷疑涉嫌殺人。結果，偵查機關就會進一步具體而詳細地調查X是用了什麼方式以及做了什麼事情（「下面兩個W」）。

以下我們將以典型的證據案例來說明「證據配置圖」的整體情形。

什麼樣的證據可以證明什麼？

——橫跨「上面三個W」的證據

如前所述，DNA鑑定與現場指紋是這一類證據中的代表。橫跨「上面三個W」的證據就是前面所提過的「在場證明」；而它的反對證據就是「不在場證明」。「不在場證明」就是顯示「同一時間在不同地點」的「不在現場的證明」。

DNA鑑定與現場指紋是最明確的在場證明；不過它們並沒有辦法非常嚴謹地證明，在犯罪時點的前後，該DNA或指紋的擁有者是否位於犯罪現場（換言之，就是When）。只能夠從採集到的身體組織狀態或指紋的皮脂狀態，獲得某種程度的釐清。

其次是DNA鑑定與現場指紋以外的證據。

現場的足跡（鞋印）等，也被定位爲「上面三個W」的證據。不過就算足跡的大小一致，當然也無法保證是同一個人的足跡。所以這只能算是一種準確度不是很高的證據（「種類一致」；譯按：在鑑識科學上稱爲「類化證據」，相對於「個化證據」）。雖然這是一個客觀證據，但只是一種或多或少可以縮小犯人範圍的證據。僅憑腳的尺寸相符這一點，顯然不足以作爲「在場證明」。

在實際的審判中，有時候可以利用鞋子的磨損或擦痕程度等等特殊形狀來大幅縮小範圍。另外，也可能可以用鞋子的製造期間或販售區域等其他因素的組合，達到進一步限縮範圍的效果。

即使沒有上述這些特殊情形，當嫌犯不僅擁有相同尺寸的鞋子，而且還在事後把鞋子處理掉時，那麼他的嫌疑就會變得比較重，足跡一致的證據價值也會提高。

ＤＮＡ鑑定與現場指紋是直接的在場證明證據，而其他的在場證明則如同足跡，只是顯示了「種類一致」的證據。

——有關第二個W（犯罪時段）的證據

關於推定犯罪時間最常見的證據，就是基於司法解剖而進行的法醫鑑定。

具有他殺嫌疑的屍體被發現以後，在刑事程序中必定會被交付解剖（即「司法解剖」），然後會進行醫學鑑定（即「法醫鑑定」）。在屍體的法醫鑑定中，有一些關於推定死亡時間的項目，例如胃中殘餘物的分析、屍溫的測量分析、屍僵程度以及屍斑狀態的分析等。

這些鑑定都只能得到一個大概的推定死亡時間（沒有將死亡時刻特定到一個確切時

點的準確度）。不過因爲這些鑑定很少有主觀介入的空間，所以具有高度的可信性。

除此之外，有時候我們也會仰賴「生存目擊」的證言。亦即從周遭人們的目擊證言來追溯死者仍然存活的時間，然後從它與屍體被發現的時間的關係來縮小推定犯罪時間的範圍。

——有關第三個W（犯罪現場）的證據

在屍體留在犯罪現場的殺人案件中，犯罪現場是很明確的。然而，某些案例中，屍體被發現處只是棄屍地點，甚至也有屍體經過漂流過程的案例。在這些情況下，就會在（被推定爲）犯罪現場的地點確認血跡的有無、血液反應等（即「現場勘驗」），藉以將犯罪現場予以特定。

在發現血跡時，還可以進行ＤＮＡ鑑定以達到更高度的證明（與被害人的ＤＮＡ相對照）。

白骨屍體、無屍體的殺人事件

——有關第四個W（被害人）的證據

第四個W通常不會成爲問題。只有在像是屍體已經變成白骨的特殊案件中，被害人身分的特定才會成爲問題。在這種案件中，DNA鑑定會被用來作爲特定被害人身分的證據（將採得的DNA與可能是被害人的失蹤者的親屬的DNA做比對檢驗）。

而所謂「無屍體的殺人事件」（更精確地說是「未發現屍體的殺人事件」）就更困難了，因爲連被害人死亡與否本身都是個問題。

這是一個同時與第六個W（結果）有關的問題。但無論如何，我們只能分析疑似被害的失蹤者的失蹤原因，看看是否有他殺的形跡，以判斷他是不是被害人。此外別無他法。當然，這種事情是無法精確地加以確認的。

因此，無屍體的殺人事件無可避免地有著極高的冤罪風險。

例如，在某個無屍體的殺人事件中，失蹤者身上的物品掉在海邊。在這個案件裡，檢察官無法證明犯罪事實的全部，因此一審的結果是無罪（陸奧灣無屍體殺人事件，仙台高等法院昭和六〇年四月二三日判決)。另一個是在失蹤者的住所出現血跡反應的案例。該案件的判決結果是有罪(池袋區失蹤古董藝術品商無屍體殺人案件,一般稱爲「無盡藏殺人事件」,東京地方法院昭和六〇年三月一三日判決),但是其中的冤罪性理念型顯然無法被抹滅(本書第十章將會討論第二個「無屍體殺人事件」)。

——有關第五個W(行為)的證據

相關的證據有刀或槍等凶器、纏繞在屍體頸部的繩子、用來綁手腳的繩子等(所謂「犯罪工具」)。

因此,當凶器等物品沒有被留在犯罪現場時,能否透過搜索來發現那些物品將會是重點。如果無法發現,就很難確定犯罪行爲的內容。

——有關第六個W(結果)的證據

有關犯罪結果的代表性證據,是屍體的法醫鑑定。

在前述第二個W曾經提到,有他殺嫌疑的屍體會被送交司法解剖,然後由大學的法醫學教室等進行嚴密的醫學鑑定。司法解剖與法醫鑑定最重要、最根本的意義在於,它是爲了要就發生了什麼事情(也就是「犯罪的結果」)提供一個詳細的證明。

司法解剖與法醫鑑定是支撐刑事審判的基礎制度。憑藉著它們，我們得以從科學及醫學的角度來釐清被害人是如何到達「死亡」這個最終結果。司法解剖的結果被整理為鑑定報告；在報告中，「是他殺還是自殺？」「是他殺還是意外？」「死亡原因是什麼？」「致命傷在哪裡？」等問題都得到釐清。

另外，有關毒物的毒理學鑑定（毒殺案件）或工學鑑定（縱火案件、爆破案件）等也具有與法醫鑑定相同的定位。

自白的定位

刑事審判的各項證據中，以下的證據特別有用。

在嫌疑犯的衣服等物品上，檢驗出可能是噴濺而留下的血跡，而當該血跡與被害人的ＤＮＡ一致時，這個鑑定結果就不只與「上面三個Ｗ」有關，也與其他三個Ｗ都有關連。這個證據不但是在場證明的證據，同時也可以證明嫌疑犯跟被害人有過接觸，而且某種程度上可以證明加害行為。此時就算無法具體證明犯罪行為本身的內容，卻可以推定犯嫌是用會讓被害人流血的方法來加害於被害人。

其次，有關屍體的創傷的法醫鑑定主要是跟第六個W（結果）有關，同時也跟第五個W（行為）有關。有關創傷狀態的法醫學檢查不僅可以確定犯罪的結果，還可能可以用來推論犯人所使用的是哪一種凶器。

很難找到比這些更具有通用性的證據。如果能夠找到一口氣直接證明犯罪構造圖的「六個W」的證據就好了，不過那完全要靠運氣。前面曾經提到過，把犯罪行為從頭到尾都拍下來的監視錄影可以符合這個要求，但是這種東西不是說有就會有的。

在實際的案例中，有時會有嫌疑犯在犯罪行為後去提領被害人的存款時被監視器拍到的畫面，但是那畢竟不是最重要的犯罪行為的影像，也沒有直接拍到犯人的臉。

但是在任何案件中，都會有藉由偵查手段而得到、可以一口氣直接證明「六個W」的證據——也就是自白。

在刑事審判的證據中，只有自白能夠一口氣直接證明六個W。在這個意義上，自白是萬能的。

所以，長久以來，在刑事審判的領域中有著「自白是證據之王」的說法。雖然近年來不斷有人提出「放棄偏重自白的作法」或「重視客觀證據」等口號，但是在實際的偵查與審判中，還是無法割捨對自白的偏重。一直以來這都是司法的現實情形。

自白的區分

眾所周知，自白其實有很大的弊害。理由在於，自白幾乎可以說是唯一能一口氣直接證明所有待證事項的證據，反而也造成偵查人員不管在什麼情況下都想獲取自白。

被告被強迫自白是刑事審判中證據法則結構本身的問題，而不單只是由偵查機關之素質所造成的問題。也就是說，這不是用偵查人員的良心就可以解決的現象。

我們時常聽到「絕大多數的偵查人員是秉持良心且不眠不休地致力於消滅犯罪」；但是即便如此，這與不會強迫取供是兩回事。有時候說不定正是因爲「秉持良心不眠不休致力於消滅犯罪」，所以才強迫被告自白。

從與待證事項的關係來看，自白具有通用且直接的特性；但是它也有著極大的危險性。

☆**布川事件**（一九六七年）於二〇一一年因再審獲判無罪而成爲話題。

本案是獨居的中年男性在自家被勒斃的案件。在本案中，幾乎沒有可以稱爲客觀證據的證據。在犯罪現場檢驗出的指紋與嫌疑犯的指紋不符，採集到的毛髮也一樣不符。然而，從一審到最高法院全都以自白爲根據而諭知有罪判決。最高法院等的歷審判決都是以被告「就非自身體驗則無法陳述之事實，竟能為整體、具體而首尾一貫之供述」，而斷定被告必定是犯人。

這種審判方法是以自白本身來判斷自白內容的眞僞，然後就只憑它來得出結論；這種判斷方法無法免於循環論證以及獨斷的危險。在使用自白的方法中，這是最危險的一種。

本書將會區別自白的兩個面向：有用性與危險性。一直以來，審判之所以沒有辦法區別這兩個面向，其實與認為審判是「發現眞實的場域」這樣的想法有關。亦即為了發現眞實，有的時候就算知道有危險，還是不得不使用自白。本書會在冤罪性模型理論之下（將自白的有效性與危險性轉換為「類型化的冤罪成因」的方法），分別這兩個面向（詳後述）。

情況證據的歷史

從與六個W的關係來看，存在著另一個定位特別的證據，即所謂的「情況證據」。

情況證據的概念是由活躍於法國大革命時期的功利主義哲學家邊沁（Jeremy

Bentham）所提出的（邊沁原本就是一位法律實務家）。

情況證據雖然被冠上「證據」之名，但重點在於，它只是個「情況」。所有的事情都可能成爲情況證據。某人有金錢上的困擾，這件事會成爲強盜殺人的一個情況證據。被告向被害人借錢遭到拒絕的事實、被害人後來經濟狀況變好的事實、被告知悉被害人有錢的事實等，都是情況證據。

從與待證事項之間的關係來看，情況證據是一種跟六個W之間的對應關係不明確（搞不清楚跟六個W的哪一個有關），且程度很弱的證據。它也是一種極爲間接的證據；在這一點上，情況證據與具有直接性的自白成爲對比。

然而，情況證據卻又不是完全沒有效果的；在使人或多或少覺得「可疑」的意義上，它能夠成爲證據。「可疑」的意思是說，先不管它是否客觀、是否確實，它是跟整個犯罪事實與犯人都有關的疑點（雖然或許關連性不是很完整），所以它無須理由、「若有似無地」指向有罪的方向。

從某種角度來看，這是一種談話性節目式的認定方法。（譯按：談話性節目式的原文「ワイドッョー」（Wide-Show），屬日本自創的用語，指報導、探討、評論時事的新聞性、資訊性節目。舉凡政治、經濟、社會、生活、運動、娛樂等領域，只要是社會關注的題材，都可能成爲Wide-Show的節目內容。由於節目時間長、觸及範圍廣泛，故以

「Wide」稱之。台灣並沒有此種概念或用語；最接近此類節目應該是所謂「談話性節目」。）爲什麼這種認定方法會被容許呢？

這是近代刑事審判由法定證據主義轉換爲自由心證主義後，所產生的結果。

在過去，要在審判中判斷被告有罪的證據，僅限於一定條件的嚴格證據（法定證據主義），情況證據不被認爲具有成爲證據的資格。（更正確地說，情況證據中有一部分是以「不完全的證據」、「次要的證據」之名目，而成爲法定證據，所以並非所有的情況證據都不是法定證據；但情況證據確實也沒有被全面認定爲可用的證據。）

然而，從審判的歷史看來，法定證據主義逐漸被認爲欠缺彈性；到了法國大革命時期，轉而成爲期待法官的裁量的自由心證主義。

這或許可以說是證據的自由化。也就是在這個時候，禁止使用情況證據的限制被解除了。

「無合理懷疑的證明」的騙局

如上所述，犯罪的要素，亦即六個W，全部都必須以證據來加以證明，這是刑事審判的理想。但從到目前爲止的論述可以看出，它就只是個理想。在那些證據中，有自白這種「危險的證據」，也有單純只是「情況」的情況證據。

另外，雖然在刑事審判中，有很多證據會被提出來，但是每一個證據的證明力與它們被組合起來以後的證明程度的關係（各證據之間的補強關係）並不明確。

談到建築物的耐震度時，結構強度被認爲是最重要的因素。同樣的道理，就具體案件中的整個犯罪，到底證明到怎樣的程度（也就是證明程度），應該也可以被視爲個別證據的組合（也就是結構），只不過它的規則性還不是很清楚。

因此，在刑事審判中，除了有「犯罪的所有要素都必須以證據來加以證明」、「檢察官就犯罪的所有事項負有舉證責任」等口號以外，最後就是以「綜合全部的證據，被告犯罪已證明到毫無合理懷疑程度的時候才能下有罪判決」來決定。待證事項與證據之間的對應關係，最終來看仍相當曖昧不明，而證明的程度也非常模糊不清。

按照這樣的想法，在審判中「沒有合理懷疑的地步」是我們所要求的證明程度，是證明成立的要件。反過來說，證明無法成立的程度，亦即冤罪性程度，就是「有（產生）合理懷疑」。

「無合理懷疑的證明」當然有欺瞞的成份在其中。從結果來看，綜合所有的證據以後，到底有沒有合理的懷疑，其實不管怎麼說都是對的。

證明論上的結構是什麼？

像犯罪這種「過去的事實」，無論如何都不可能在經驗上及實證上加以確認；沒有辦法眞正地以邏輯推論來加以確定。

因此就變成這樣的問題：本來在審判中被要求嚴謹的「證明」變質爲「沒有合理懷疑的證明」；而我們就以這種模糊且不明確的標準來判斷被告是否有罪，有時甚至還必須以此判斷「死刑或是無罪」。

雖然如此，不，正因如此，我們有必要透過到目前爲止發生過的邊界案例（也就是冤罪性現象），盡可能讓這個標準變得更明確一點。所以我們還是得全面網羅、掌握過去發生過的冤罪實例。

現代美國的代表性分析哲學家奎因（Willard van Orman Quine）曾經表示：

> 身爲一個經驗主義者，我始終認爲，「科學」的概念圖式，終究是基於過去的經驗來預測未來的工具。
>
> ——《從邏輯觀點出發》（論理的観点から），Willard van Orman Quine 著，飯田隆譯，勁草書房

這也是對冤罪案件進行宏觀的俯瞰之所以重要的理由，也因此，對於類型化的冤罪成因的重視也是必然的。

如前所述，關於待證事項與證據的準則（「就犯罪的六個W都必須以證據來加以證明」）被降格爲「無合理懷疑」的標準，其實有其審判史上的背景原因。其中，情況證據的解禁這件事情是相當重要的原因。只要有可疑的情況，就可以說有證據存在，結果「無證據不得認定有罪的要求」，以及「證據與證明事項之間的對應關係」，無可避免地都變得很不明確。因此，本來的準則（思考、判斷的依據）就這樣被隱藏起來了。

所以我們必須隨時回頭去檢視在「無合理懷疑」等說法的背後的東西（「犯罪構造圖」與「證據配置圖」），以喚回被暫時摒退到審判後面的六個W，以及有關的準則。

從下一章開始，本書在揭曉「類型化的冤罪成因」的同時，將活用「犯罪構造圖」與「證據配置圖」來定位個別案件中的冤罪性。

以下的章節中，我們把這兩個圖式稱爲「C＆P圖」。另外，本書所謂的「證明論」就是指用「C＆P圖」所觀察到的證明狀況。而以證明論來分析個別案件後得到的案件結構，我們則稱之爲「證明論上的結構」。

第二章

冤罪線索一——該如何區別犯人與第一發現者？

科學辦案無用武之地的領域

在現代刑事審判中，ＤＮＡ鑑定與現場指紋是最確實且具高度客觀性的兩項證據。這兩項證據可以說是科學辦案的精華。

然而，我們無法藉由這兩項證據來區別第一發現者與犯人。

就算在現場發現了嫌疑犯身體組織的ＤＮＡ或指紋，只要當嫌疑犯主張「自己是第一發現者」時，這些證據就不再具有任何意義。第一發現者在那個時候出現在那個地方，是理所當然的事情。

縱使從嫌疑犯的衣服上或是其他地方檢驗出疑似由噴濺所造成的血跡，且ＤＮＡ鑑定結果確認與被害人的ＤＮＡ一致，結果還是一樣。偶然來到現場的第一發現者如果曾動了已經死亡的被害人，身上當然會沾上血跡。

即使現場除了嫌疑犯的指紋外就再也沒有別的指紋（其他第三者的指紋），問題還是沒有解決。我們無法單憑現場僅有嫌疑犯的指紋，就推論嫌疑犯是眞凶。如果殺人犯（眞凶）當時戴著手套的話，指紋這條線索就到此爲止了。另外，當證據是身體組織的ＤＮＡ時，這種「沒有第三人遺留的痕跡」的情況也會帶來相同的問題。在許多案例中，現場沒有殘留犯人身體組織的屑片。或者說，我們本來就不太可能把存在於現場的所有身體皮屑（微物跡證）毫無遺漏地採集起來並加以檢驗，因此，嚴格說來，其實根本沒有所謂「沒有他人身體組織的DNA」的案件。

坊間流傳一種說法：「要去懷疑第一發現者。」其實，即便在審判時也無法簡單地區別第一發現者與犯人。不過現實中，如果眞的只是第一發現者，那麼疑問應該遲早會被釐清。通常，身爲第一發現者的報案人被懷疑之後，隨著偵查活動的進展，終將查明其與犯罪是毫無關係的。因此，在多數的情況下，根本沒有被起訴及審判。

從現場離去的第一發現者

第一發現者之中有些人在發現犯罪現場後卻是選擇默默離去。那麼，在這種情形下，又會有什麼樣的結果呢？

通常第一發現者不是馬上通知警察，就是立刻告知周遭的人。但是，也可能會有因爲害怕涉入案件而默默離去的人。在這種情況下，多少會有點麻煩。從殺人現場默默離去的人，可能會被警察當成是殺人犯而遭到通緝。這個時候，就難以保證那個人是否能夠簡單地澄清警方的懷疑了。

再者，從現場拿走財物的第一發現者，又會有什麼結果？第一發現者在犯罪現場發現財物，因為一時貪念而拿走，這樣的案件也不能說沒發生過。在這種情況下，想要澄清警方的懷疑幾乎是不可能的。

那麼如果有人是殺人現場的第一發現者，碰巧在那裡發現了大筆財物，一時鬼迷心竅而將財物帶離現場，他在審判中會受到什麼樣的待遇呢？在審判中，我們是否能清楚分辨他究竟是強盜殺人犯，還是遭受池魚之殃的公民呢？

偵查者的狹窄視野

進入審判之前，在偵查者的眼中，上述的案件事實又是什麼樣子呢？在典型的「案件發生，偵查開始，案件偵破」的流程中，大概會呈現出以下的畫面吧。

在某處發現遭到他殺的屍體，知悉殺人案件的發生。

警察到場進行偵查，查到有現金從殺人現場消失。再繼續偵查，終於找出把錢拿走的人。

警察首先將這個人當成強盜殺人犯而發布通緝，並找到他的住所將他逮捕到案。被逮捕後，這個人供稱自己是從現場拿走現金的第一發現者，並且說：「我最多是竊盜罪，絕對沒有作出強盜殺人什麼的。」

警察當然不會馬上相信這種抗辯。警方進行嚴厲的訊問迫使嫌疑犯自白。嫌疑犯從來沒有經歷過這麼嚴厲的偵訊，終究無法忍受，於是自白強盜殺人。

此時，在警方看來，嫌疑犯從一開始就無疑是強盜殺人犯，而且一如預期地自白犯罪，於是案件告一段落。

在這裡必須思考的是，縱使眞相如同嫌疑犯所主張的那樣，但對站在對立面的警察而言，無論怎麼看嫌疑犯都是強盜殺人犯。

若以證據的觀點來分析，僅有嫌疑犯拿走現金這一項證據，根本不構成強盜殺人的根據。它是竊盜的證據，而且這是嫌疑犯一開始就自認的事實。明明該事實根本不足以證明強盜殺人，但對於殺人事件發生後便逐步進行偵查的警方來說，本案就是強盜殺人案件。事情就是這樣。

總之，對偵查者而言，這就是眞相。

問題在於，法院又會如何認定？法院能否提出某些與偵查方不同的觀點？法院能否「查明錯誤」？這是在追問審判的意義。如果只是任由事態惡化，審判也就不夠格稱爲審判了。

連第一發現者都會被判死刑嗎？

實際上發生的案件是**神奈川・鶴見的金融業夫婦強盜殺害事件**（一九八八年）。

本件強盜殺人案的案情是：從事金融業及不動產業的夫婦二人，大白天在市區的事務所內，遭人痛毆並拿刀狂刺而死亡，現場有現金一千兩百萬不翼而飛。拿走一千兩百萬現金的人是認識被害人的水電行老闆；經訊問後，這個人自白犯行，因此被以強盜殺人罪起訴。

水電行老闆在審判時答辯如下：

「當我前往拜訪被害人夫婦時，兩人均已被殺害。我因爲財迷心竅將發現的現金一千兩百萬拿走。我因煩惱於自己的水電行經營不善，才會被貪念所迷惑。」

這起案件發生在市區，而且是在大白天，屍體被發現的現場是面向馬路的狹小事務所。在面積約三坪大的空間中，這對中老年夫婦頭靠著頭倒在地上。

案發現場的事務所是在路上隨處可見的不動產店舖，有一扇透明玻璃門面向大馬路。門當然沒有上鎖，僅貼有不動產資訊的傳單。事務所外面的馬路上有一間間商店，而事務所的南邊則是一所公立高中。被害人夫婦被發現死亡的時間是當日中午過後，約莫過了下午兩點半左右。

其後，依據鄰居們的「生存目擊證言」，推定犯罪發生時間是在上午十點四十分前後到大約十一點十分之間。在這段時間，附近的商店都已開門營業。鄰近的高中校舍中，許多學生正在上課。另外，事務所的二樓是供出租公寓使用，於推定犯罪發生的時間內，有位房客正待在房內。但是那位房客表示並沒有聽到樓下傳來什麼可疑的聲音。

被害人夫婦的屍體上都有數十處的傷口，呈現遭人狂毆及亂刀砍殺的狀態。但另一方面，事務所內的日常用品與辦公設備幾乎沒有被弄亂。在兩人倒臥的三坪大的空間裡，儘管擠了影印機、暖爐、矮桌、矮桌上的茶杯與茶壺，然而遺體四周卻呈現井然有序的模樣。

也就是說，看起來被害人夫婦與犯人並沒有打鬥爭吵，因此被害者很可能都是受到單方面的攻擊而死亡的。

被害人（丈夫）全心全力經營金融業，曾利用幾名幫派份子及有前科的人替自己催收債款。另外，經清查後發現，這些關係人即使協助討債，但要不就是只收到極少數額的報酬，要不就是被要求無償勞動。而在犯罪發生當日的兩、三天前，這些關係人之一曾出入被害人的事務所。

具有金錢動機的第一發現者

法院審判時又是如何呢？

對於被告水電行老闆的主張，法院最終的回應是：「這不過是強盜殺人犯迫不得已所爲的辯解罷了。」在鶴見事件中，法院判決如下：

「被告在被害人二人遭殺害後立即從本案現場拿走現金一二〇〇萬日圓。此事爲在事實上推論被告同時也是殺害被害二人的凶手的有力事實。」

「被告假借向被害人（丈夫）借錢的理由，讓被害人準備好現金。案發當日，被告事先在現場附近等待。上午十點半，被告聽說現金已備妥於事務所內，遂在本案犯罪發生時段前往現場，取得該筆一二〇〇萬日圓。此一事實強烈推定，被告意圖藉由某種方法，奪走他讓被害人（丈夫）準備好的一二〇〇萬日圓。」

「結論是，在本案中，可藉由相關證據來斷定犯人就是被告。」

（東京高等法院平成一四年十月三十日判決）

判決結果是死刑。

法院斷定水電行老闆是強盜殺人犯的根據是什麼呢？就是被告假裝要借錢這一點。也就是被告藉口要借錢而讓從事金融業的被害人準備一大筆現金這件事情。

在本案中，被告對被害人（丈夫）開出了一個對金融業者而言，會被當成是肥羊的好借貸條件，以此使被害人（丈夫）準備好一千兩百萬日圓現金。在這一點上，被告有別於單純的第一發現者。這與爲了寒暄、討論事情或其他事由而造訪，於到達後偶然發現有現金之情況，是極爲不同的。

被告可說是經過精密設計好讓被害人備妥鉅額現金，若以這個事實爲起點來思考本案，就出現了直通死刑判決的大道。

本案被告被認定從一開始就打算奪取鉅款而假裝要借錢，讓對方把錢準備好，等到對方提領存款後立刻去偷襲，按照當初的計畫，巧妙地得手鉅額現金。這樣的一條犯罪流程就連貫起來了。

這是一種能夠想像得到的而且是有力的可能性。這一條線索無疑地必然會出現。然而，是否就只有這條犯罪線索，則是另外一回事。

死刑與無罪之間極其微妙的分歧點

即使是一般的第一發現者，之所以會第一個到達現場而成為發現者，也應該是因為某種事由才到現場去的。就算被告到被害人住所是為了提前拿到借款，這件事本身也沒有什麼特別奇怪的地方。只有為了借錢而在當天前往現場的這個事實，並不能構成有罪之根據。

鶴見事件中，被告主張的詳細內容如下：

「那一天本來就預定要去從事金融業的被害人那裡取款，一到被害人那裡，就發現被害人夫婦已經被殺害。突然撞見命案現場，呼吸都還沒平息的時候，發現備妥的一千兩百萬日圓，於是馬上拿了就逃離現場。如今冷靜想想，若是有報警就好了，但在那個時候，因為煩惱自己所經營的水電行的營運，頭腦一片混亂，不小心就著了魔。」

結果，剩下的問題在於被告為了取得借款而說謊這件事情。但是若以在要求對方借錢的時候說了一些謊這一點就判處被告死刑，這樣妥當嗎？可以因此就說被告是強盜殺人嗎？憑藉這一點，就能夠區分強盜殺人犯與第一發現者嗎？

向人借錢時所說的話包含了眞眞假假的內容，這可以說是社會的常態。也就是說，借錢時說話的語氣、虛僞程度及內容、態度等實際上非常瑣碎且微妙的事情，不得不成爲有罪或無罪的分歧點。在鶴見事件中，檢察官及辯護律師繞著這一點展開了詳盡的攻防，不過本文在此並不打算深入探討這個爭議。最後，被告的謊言究竟是屬於社會中常見的借款請求的範疇，還是具有使人察覺到強盜殺人計畫的某種特殊性質呢？這將取決於法院的評價方法。

而無論法院作出什麼樣的判斷，都是非常微妙的。本文要表達的，並不是鶴見事件中的被告是被冤枉的，或者是法院應該爲無罪判決等；而是在此事件中，是由非常零碎且微妙的情事來決定是否判處被告死刑。也就是說，客觀而言，本案存有絕不能被忽視的冤罪性。

而我們必須重視這種冤罪性。

什麼是公民的冤罪性

爲何必須重視這種冤罪性呢？爲何不能僅以「被告肯定是想要奪取財物才謊稱要借錢，而使對方把錢準備好，並於對方提領存款後立刻去偷襲，得手鉅款」來結案呢？

因爲此部分關乎公民日常生活中的冤罪性。說不定將來會是我們「爲了去領借款而前往現場，一到那裡，發現被害人夫婦已遭殺害後，就立刻拿走備妥之現金，倉皇逃離」。一般的公民都可能在某個時候陷入這種狀況。究竟是陷入這種狀況的公民，抑或是強盜殺人犯，如果其間的區別幾乎無法判斷的話，那將會是非常嚴重的一件事。若是因此被判處死刑的話，就更加嚴重了。

如果法官認爲將陷入這種處境的公民視爲強盜殺人犯也沒關係的話，那麼這個審判就一點希望也沒有了。如同本案的判決，單單因爲被告爲了金錢而在該時段前往該場所，就把被告推定爲強盜殺人犯，那麼案件中所存在的冤罪性會有多大？從公民的角度來看，鶴見事件中的冤罪危機已然達到臨界值。

接著，將本案中冤罪性已然達到臨界值一事，稍加分析，對照「犯罪構造圖」的「六個W」來觀察看看。

就「犯罪構造圖」中的第二個W到第四個W（「在什麼時候」〔When〕、「在什麼地方」〔Where〕、「對誰」〔Whom〕），第一發現者與犯人幾乎是重疊的。有關「在什麼時候」、「在什麼地方」，大概在犯罪發生時間身處在犯罪現場，是主張自己是第一發現者的人所設的前提。另外，就「對誰」這點也是一樣，那個人就在屍體所在的現場。

在上述狀況中，問題在於是否能夠知悉第一個W（「誰」〔Who〕），以及是否能夠查明第五個與第六個W（「如何做」〔How〕、「做了什麼事情」〔What〕）的詳細內容。（請參照「第一發現者概念圖」）

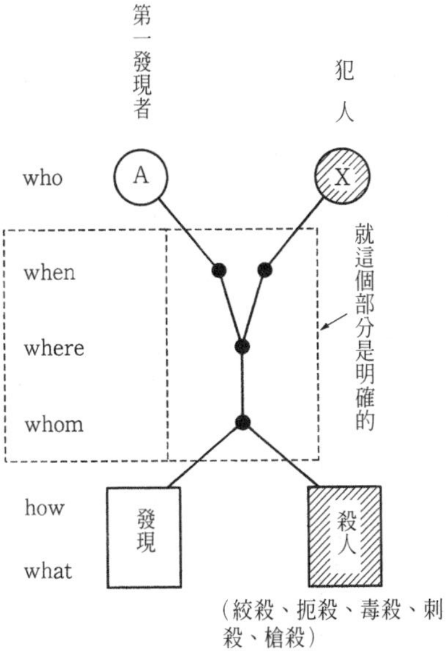

第一發現者概念圖

一般來說，這個證明並不容易，結果以自白或情況證據來加以判斷的案件所在多有。若僅憑藉自白這樣的危險證據，以及本來就不可靠且證明力微弱的情況證據來判案，務必要慎重。

而在鶴見事件中又如何呢？

「一時衝動」在證明論上的結構

本案中，儘管有水電行老闆的自白，但可看到在審判中針對自白內容及所用凶器的認定，展開極爲特殊的討論。

雖然在自白中，被告稱凶器是拔釘器與十字起子，然而在法院選任鑑定人的法醫學鑑定中，卻認定屍體的傷口與所宣稱的凶器並不吻合。也就是說，屍體的傷口被認爲不是由拔釘器及十字起子所造成的。

再者，儘管自白中的殺人順序是，先殺害被害人（丈夫），接著再殺害回到該處的被害人（妻子），但是無論怎麼調查仍無法釐清那一天被害人（妻子）確有外出的事實。不僅如此，根據法院進行的血跡附著狀況檢驗來看，被害人夫婦同時在現場遭受攻擊的可能性極高。

因此，法院也否定了自白的證據價值（即陳述眞實之自白，在審判中被稱爲「自白的信用性」）。

於是，針對所使用凶器爲何這一點，法院認定爲「不明」。當然，凶器終究未被發現。

那麼，爲什麼水電行老闆的自白會是上述那樣的內容呢？

凶器是拔釘器及十字起子一事，原本是警方的見解，警察依循驗屍官的意見，從一開始就將這兩項工具推定爲凶器而進行訊問。

另外，針對殺害的順序並非兩人同時，而是以「夫→妻」的順序遭到殺害一事，也是警察的看法。這是由於犯案現場面向市區商店街，是極易被察覺到的場所，而犯罪發生時段也是周圍居民正在活動的上午時分；並且，事務所現場並沒有打鬥過的跡象，因此單獨一人一次將夫婦倆都殺害，被認爲是不可能的。在水電行老闆就是犯人的前提下，如果是兩人一起遭到殺害的話，一定會有其中一人大聲呼救。因此，警察一開始的看法就是，只有可能是犯人在不同的時間將被害者分別依序殺害。

也就是說，被認爲是犯人的水電行老闆是依照警方的判斷而作出自白的。然而，這個自白在後來的審判中被證明是錯的。這如實地說明了水電行老闆是在怎麼樣的情況下作出自白的。

在鶴見事件中，自白沒有證據價值（如前所述，法院也承認這點）。留下來的只有冤罪的危險性。

與此同時，由於凶器不明，所以也無法詳細說明六個W中的第五與第六個W（如何做，做了什麼事情）。另外，如前所述，依照法院的調查結果，最終認爲被害人夫婦是同時在現場遭到攻擊，這樣一來，被認爲是犯人的水電行老闆到底能否在完全不被察覺到的情況下，將被害人夫婦一起殺害呢？這樣的疑問仍然沒有解決（這涉及犯罪行爲是否由其他的複數犯人所爲的疑問）。

在本案中，除了前述的不實的借錢請求外，沒有其他有罪的根據。

在向人借錢時說謊一事，不過是顯示了可疑的狀況，所以屬於情況證據。只不過是有情況證據，有一個可疑的狀況而已，卻這樣就判了死刑。

不得不說，鶴見事件中具有嚴重且高度的冤罪性。

第一發現者冤罪性的諸種態樣

將主張「自己不是犯人而是第一發現者」的公民判處死刑的實際案例，並非只有鶴見事件。另外還有**神奈川・三崎的一家三口殺害事件**。

這個案件（三崎事件）發生在三浦半島的三崎町，晚上十一點過後，一家三口（夫婦、長女）遭到了刺殺。

被害人的住家爲獨棟住宅兼店面，一樓經營食品材料行。於一樓靠近門口的地方，男主人的頭部與背部被深深刺了數刀，呈現瀕死狀態倒臥在地。一樓後方的浴室中，妻子被狂刺後死亡。妻子當時應該正在洗澡，全身赤裸且被刺了超過二十刀而斷氣。家裡的長女（十七歲）向住家對面的飯館求救後，在那裡死亡。長女的屍體上也有十幾處的穿刺傷。長女（被認爲是）在屋內被刀刺傷了胸部等部位，在身受重傷即將死亡的情況下，仍從家中飛奔而出，勉強跑到對面的飯館，卻在抵達後力竭而亡。

在本案中，一名自營業的身障男子被認定爲犯人。他四十多歲，在三崎町與橫濱市內經營鮮魚店及壽司店。

該名男子遭人目擊帶著小刀類的刀械離開現場。他不理會別人叫住他的呼喊，上車快速離去。警方根據目擊證言推斷出男子的住處，並以殺害一家三口的罪嫌將其逮捕。然而，該名男子主張自己是第一發現者，他說自己不過是剛好在事故發生後進入被害人家中查看狀況罷了。

就當時的狀況，男子主張：「聽到自己認識的人家中傳來哀嚎聲，不久，一個陌生男子飛奔而出，我在想發生了什麼事並走進被害人家中，裡頭已經是一片血海。」男子在審判中也主張說：「只不過是因爲不想要涉入案件中，所以才離去。」

依照被告的陳述，當天晚上被告剛好開車來到被害人住家附近，在能看到被害人住家的地方停車休息。在車內休息時，他聽到從被害人住家那個方向傳來哀嚎聲及不尋常的聲響，並且看到一個「陌生男子」從被害人家中飛奔而出，接著他從鐵捲門開著的一樓店面走進被害人家中。由於認識被害的食品店老闆，所以入內察看。然後他在門口附近看見屍體，知道發生了事故，所以馬上離去。

當天晚上，被害人家中還有一名十四歲的國中生長男也在。只有這個長男從二樓跳窗逃走，倖免於難。他比姊姊更早衝進對面的飯館，告知發生了大事。有幾個飯館的人趕到現場，在那個時間點所目擊到的，正是想要從現場離去的被告的身影。被告說：「犯人不在了。逃走了。」之後，他不理會那些人的追究就駕車快速離去，然而目擊者中有認識被告的人，因此被告在五日後便遭到逮捕。

被告辯解，帶著「小刀」是防身用。那一天因爲要尋找自己離家出走的女兒，所以開車到處遊蕩。爲了怕被離家出走的女兒的不良朋友們糾纏，所以隨身攜帶「小刀」用來防身。

逃走的第一發現者

本案中，有現場（建物內、家中）的足跡狀況與被告並不吻合的問題。現場留有與被告尺寸不符的染血鞋印。再者，被告因為交通事故的後遺症，腿部中度殘障，右腿比左腿短一點，所以得拖著腳走路。然而，現場足跡並沒有顯示出那樣行走的特徵。

另外，犯人是使用什麼樣的凶器，也未必明確。從屍體創傷的狀況來看，推定的凶器是比一般小刀長的某種刀械。結果，判決認定犯人所使用的凶器並不是小刀，而是具有較長刀刃的殺魚用菜刀（橫濱地方法院須賀支部昭和五一年九月二五日判決）。但是，該「殺魚用菜刀」放在何處則不明。

動機也不明確。根據鮮魚店與壽司店經營者於偵查階段的自白書中記錄，被告向被害的食品店老闆要求借錢遭到拒絕，且因為被害人當時的回應而勃然大怒，進而殺害被害人全家。以這個自白作為要將被害人全家都殺害的動機，確實相當薄弱，且供述內容也不夠具體、不夠逼真。

因此，我們也無法否定本案的冤罪性。

儘管如此，與先前所述的鶴見事件相比，本案的態樣又極為不同。在三崎事件中，無論如何，被告帶著小刀類的刀械從現場離去乃是事實。況且，那把小刀還是已經出鞘的。一般人帶著出鞘的刀械四處走動之舉止，實屬罕見。而拿著刀進入發生異常情況的住宅中，更是無法合理推測的情況。就算被告主張小刀是用來防身的也一樣。

另外，被告在周遭人們嚷嚷著「犯人哪！快抓住他」的騷動中，駕車從現場快速離去。身爲第一發現者的一般人，不太可能會採取這樣的行動。不過若說是因爲害怕涉入案件所以馬上離去，還有一點可能。

在這個意義上，冤罪性的程度是不同的。

像鶴見事件那樣，第一發現者是爲資金問題所苦的小商行負責人，他立刻把準備好的現金拿走且逃離，這對一般人而言，是有可能遭遇到的狀況。相對於此，三崎事件就比較無法說是我們未來也有可能遇到的狀況。

證明論上的差異

另外，如果對照「C＆P圖」來思考，鶴見事件與三崎事件也存在極大的差異。

在三崎事件中，具有關於「六個W」中的「誰」（犯人性）的有力證據。這個證據是，從二樓跳下而得以倖存的長男看見了犯人的臉孔。他不僅在犯罪發生時目擊到犯人，在那之前，他也是最先接待深夜裡突然來訪的犯人，並與犯人面對面寒暄且閒聊了數分鐘（之後他便回到二樓自己的房間）。

這個長男作證指出被告就是犯人。

這項目擊證言是有關犯人性的直接證據，而且因爲被告與證人並沒有特別的利害關係，所以屬於中立性證據。是以，三崎事件與鶴見事件相比之下，冤罪性的程度並沒有比較高。

不用說，面對面的目擊證言也有其極限。即便與犯人面對面而看見犯人的臉，實際上，也發生過目擊證言出錯的情況。近年來，目擊證言的錯誤在美國被大規模地加以證實。從上個世紀末開始，在美國，伴隨著DNA鑑定的發展，針對在沒有DNA鑑定的年代受到有罪判決而遭拘禁的死刑犯等案件，藉由DNA鑑定進行了大規模的再檢驗（Innocence Project）。檢驗的結果，不斷出現DNA型別不一致的案例。在這些案例中，有目擊證言的案件也不在少數。

因此，在三崎案件中亦同，不應將長男的目擊證言視爲決定性的證據。目擊證人也是有看錯的可能。

再者，若依照長男的證言，犯人是「以非常可怕的氣勢衝上」通往二樓的樓梯。但是由於被告腿部傷殘，導致行動上的障礙；因爲交通事故的後遺症造成被告右腿較短，所以步行時會左右搖晃身體。此外他的關節也有功能上的障礙，活動範圍受限，無法快速走動。被告主張自己因爲這些障礙，在上樓梯時要先以右腳踏上一階階梯，再讓左腳站上同一階，依此方式往上爬。

因此，本案中確實也存在著冤罪性。

在這裡我想要說的並不是「三崎事件難道不是冤枉的嗎？」這種老生常談，而是本案的冤罪性在程度上與先前所述的鶴見事件有所不同。

三崎事件如當事人所說的一般，或許眞的是冤罪。然而，它的類型化冤罪成因與鶴見事件顯然不同。它與僅有情況證據的鶴見事件是有區別的。

順帶一提，三崎事件有了後續發展。

本案中，在物證上，從被告車內採集到血跡，而該血跡與被害人的血型一致。對於這個證據，被告主張自己的血型（ABO型）也跟那個血跡相同，而那是之前自己受傷時所造成的血跡。

儘管本案被告在死刑判決確定後，於二〇〇九年死於獄中，但到了隔年的二〇一〇年，橫濱地方法院橫須賀支部針對上述在車內所採集之血跡，裁定進行DNA鑑定，也因此再度受到矚目。

然而，鑑定的結果與被告的DNA相異。被告所抗辯的可能性遭到排除，再次確認了物證的有罪推定力。

「原始的，太原始的」第一發現者

同樣是第一發現者的辯解，**熊本縣農用道路的婦女強暴殺害事件**（一九七九年）可算是非常特殊的事件。

本案（熊本事件）也是判決死刑定讞，但是被認定爲犯人的年輕人，在定讞後也主張是冤罪，並且到現在仍不斷聲請再審。

在熊本縣南部的球磨郡朝霧町，一名二十一歲的農家少婦被人發現全身是血死於町內的旱田中。當天中午過後，被害人出門去家中的旱田除草，但是到了傍晚都還沒有回家，因此擔心的丈夫到旱田查看，結果發現妻子面目全非的慘狀。她的遺體倒臥在旱田中，衣服幾乎全被褪去，從胸部到下半身都被亂刀刺傷，就連陰部也被刺穿，頸部也有被絞勒的痕跡。

接到這個緊急狀況的警方進行偵查後，得到證言指出，於當天午後，看見一個在陳屍現場附近徘徊的可疑年輕人；另有一個女性表示，路過時有一名奇怪的年輕男子跟她說話。警方在隔天上午，逮捕到一名具有類似特徵且正從附近車站前往熊本市的人。

那名年輕人（二十九歲）在訊問中自白後，被以「素行不良的年輕人在農用道路上看到擦肩而過的農家少婦，一時色慾薰心，在衝動之下想要強暴她卻遭受抵抗，於是便拿刀胡亂捅刺將被害人殺害」的犯罪事實起訴。

該名年輕人在審判中主張自己只是第一發現者，並陳述：「我只是想要幫助渾身是血倒在旱田中的女性，所以靠近且搖了搖她的身體。」此外，這名年輕人也辯解說：「我走在農用道路上，看見旱田中有東西在動，於是走到附近。是一名女性渾身是血倒在地上。我試著搖晃那個女人的肩膀。我在那個地方等了一會兒，但是沒有任何人經過，所以就離開了。」

然而，法院斷定被告的答辯狀只是「為卑劣之辯解所為之辯解」（熊本縣地方法院八代支部昭和五七年六月一四日判決）。

法院如此斷定的原因是，在本案中有一個重要事實，亦即被害人腰間竹籠上的繩子斷裂，而且是遭被告咬斷的。從斷裂的部分檢驗出被認定屬於被告的唾液（O型或非分泌型）。

而咬斷竹籠上的繩子這件事本身，被告自己也坦承不諱，如此一來，重點就在於，為何第一發現者要做這樣的事，而很難想到有什麼可能的解釋。（儘管被告說：「我想那條繩子將會造成別人救援時的困難。」於是他在離開現場之際，將繩子咬斷。）

「獸性」在證明論上的結構

本案還存在著另一個大幅影響判決中的有罪見解的要素，那就是前科。

被告有同類事件的前科，在該案中，被告在遼闊的農地上看到一名通勤中的年輕女性，便攻擊該名女性（二十歲）以奪取財物，事後並將該名女性丟進農用渠道中殺害。被告在該案刑期屆滿後出獄不到三個月，這次的事件就發生了。

在本案的審判中，法院例外地認爲可以將前科的內容（特別是手法）用來認定這次的犯行。若由「C&P圖」來討論的話，前科則是關於「誰」與「如何」的證據。

但是前科也是雙面刃，蘊含了極大的危險性。問題在於，如果單純用「是否又再犯下同樣的罪行」這樣的懷疑來認定新的犯罪行爲，這種作法與先入爲主地「歧視有前科的人」，又有什麼不同？

另外，就結果上來說，以前科這一件事就直接跳到死刑結果的案件並不少。亦即，在很多案件中，不僅是有罪、無罪的認定，於量刑論上也一樣，被告在出獄後短時間內又重複犯下重罪一事，明顯對他不利，結果被告被判處死刑。實際上，在熊本事件中也是以前科爲理由而判處死刑。

然而，這種作法在某種意義上，屬於極致的套套邏輯。若有錯誤時，將會是加倍的不正義。

因此，如果要以同類型的前科當作是有罪證據的話，必須確定前科的手法與這次犯行的手法之間有嚴格的符合（共通性）。以本案來說，於人煙罕至的地方攻擊偶然遇到的女性，以及不區分時段就突然展開行動，在這兩點上無論前案或本案都是共通的；但是，即便同樣是以年輕女性爲對象，前案是強盜殺人（金錢目的），而這一次則被懷疑是強暴殺人（色慾），兩者間存在著相異之處。

無論如何，在熊本事件中，使用「C＆P圖」來思考時，除了自白與前科，就沒有其他特別值得注意的證據了。

本案中的凶器並沒有被找到，當天被告是否持有刀械一事也不明（儘管被告自白持有短刀，但最終並沒有在被告所述之丟棄地點找到那把短刀）。

雖然被告穿著的上衣有沾到血跡，然而因爲被告陳述「自己曾搖動倒在血泊中的女人的身體」，所以血衣也無法成爲有意義的證據。

再者，有重大前科一事，用另一個觀點來想，也可能成爲被告作爲第一發現者卻不爲救助逕自離去的理由（「閃躲警察」的行爲）。被告是「不願爲救助的第一發現者」的可能性多少還是存在的。

本案中第一發現者的主張，作爲其辯解，確實有不自然的地方，然而即便如此，也不至達到可以直接排除的程度。

因此不應把該陳述當成「爲卑劣之辯解所爲之辯解」，並將之捨棄後而結案。判決將被告描述爲「可謂等同於被放生至野外之猛獸般之危險存在」（上開熊本地方法院八代支部判決）。因此，與該案件給人的印象相反，在熊本事件中，令人意外地，類型化冤罪成因絕對不能說是較低的。

於是乎，爲了使審判成爲眞正的審判，必須要基於這種冤罪性進行判斷。

悲情「山民」的後代

熊本事件有一個其他事件所沒有的特殊性：被告是在極其異常的環境下長大成人。依照判決所載，這個男子的出身如下：

「原本就在親生父親不詳的狀況下出生，而幼年時親生母親也去世；雖然後來有人接受並養育他，但養父母是屬於『山民』後代的少數族群」，「那是一個以資源回收維生，在河畔搭建小屋居住，且極力避免與外界人士接觸而生活的特殊族群」，「儘管被告也曾進入國小就讀，但是沒有任何朋友且經常曠課，只跟小狗等動物一起玩耍度日」（上開熊本地方法院八代支部判決）。

從被告的幼年期一直到少年期，日本全面進入高度經濟成長期。而被告因爲先前犯罪而服刑期間，日本逐漸成爲世界經濟大國。

沒多久前的年代中，仍有過著那種生活的人們（判決書中的「サンカ」，別名爲サンガ、山窩，柳田國男等學者則在民族學上採用了「放浪山民」這個名稱），眞叫人大吃一驚，與此同時，在得知這樣的事實時，應該也會感覺到某種不可思議的感慨吧！彷彿一瞬間情景變得開闊、案件的全貌浮現於眼前般的感慨，甚至是錯覺。

但是在實際的審判中，上述被告的特殊身世反而讓審判者直覺認定被告就是犯人，也因此能夠窺知法院之所以不正面接納被告辯解的理由。

另外，由於這個年輕人最終被判處死刑，這也讓我們重新思考死刑的意義。我們必須要思考，對於因社會現代化而被遺留在過去的人們，由已然高度現代化的社會來進行審判，其意義之所在。

附帶一提，本案也有一些後續發展。

變成死刑犯的年輕人，在定讞後不斷聲請再審，在這一連串的行動中，律師團指摘偵查機關疑似有隱匿證據的情形。律師團主張，在現場曾留下一把沾有血跡的除草鐮刀，可由此窺知是他人犯案，但警方隻字未提（而且在案發現場附近遺留有除草鐮刀的這件事，當時也曾被報導過）。

第三章

冤罪線索二——被害者家屬被當作是犯人的悲劇，是怎麼發生的？

外部人犯案與內部人犯案

本來只是被害者遺屬，卻被輕易地當作是犯罪嫌疑人的話，這是很嚴重的事情。但是在實際的審判過程中，很難明確釐清這一點。當偵查機關以懷疑的眼光審視家屬、訊問家屬、使家屬自白、再把家屬當成犯人提起公訴時，法院不見得可以確實地發覺被害遺屬是無辜的。

在戰後日本的經典冤罪事件中，其中之一爲☆**德島收音機商殺害事件**（一九五三年）。當時所謂的收音機商指的就是電器行。

本案是發生在天剛亮的清晨五點左右，電器行老闆在店面兼住宅處的寢室內被殺害，與他同居的事實上的妻子（不具法律上夫妻關係，以下簡稱妻子）雖然也受了傷，但是檢察官認爲是內部人所爲（內部人犯案說），而將受傷的妻子當成殺人犯。即便在這個事件中，房間內有著疑似鞋印的痕跡，死者的妻子自己也身受重傷，檢察官還是認爲是內部人犯案。

雖然被害人的妻子表示自己與丈夫一同遭到侵入者攻擊，但她的說詞在審判上並沒有被採納，最後仍然被判決有罪（處有期徒刑十三年）確定。

在德島事件中，與死者住在一起的兩名店員證稱，「當晚曾看到夫妻倆打架、爭吵」、「太太拜託我把凶器，也就是菜刀丟掉」，這是判決認定有罪的關鍵。

然而，妻子被判有罪確定後，這兩名店員竟然坦承他們在作證的時候說謊。這個事件歷經了無數次的再審聲請之後，終於獲得無罪的結果，但距離案發已經過了三十二年，被當成被告的妻子也已經過世了。

在這個個案中，雖然檢察官對兩名店員施壓，讓他們作出違反本意的供述，是有問題的，但是更應該追究的是，罔顧被告喊冤、仍然諭知有罪判決確定的審判現況。因此有必要分析本案所包含的冤罪性（類型化的冤罪成因）。

在這個事件中，無論如何都不容忽視的證據，就是與死者同住的店員的證言。兩位店員住的小屋子位於主屋（死者及其妻睡覺的店舖兼住宅）後方的同一塊基地上，當晚他們從睡夢中醒來，他們說自己是被爭吵的聲響吵醒，一走出來就看到夫妻倆在主屋內大打出手。據說他們看到兩道白影爭吵並糾纏在一起。這與檢察官設想的畫面相符，也就是被害人與妻子兩人爭奪菜刀，造成妻子也因而受傷的情況。

店員又說，死者的妻子之後拜託他們丟棄染血的菜刀，於是他們就把菜刀丟到附近的河裡。這些供述，不全然是空泛敷衍的說詞，以凶器的處理來說，店員就描述得相當具體，例如：「我們是從流經市中心的新町川的橋上，用報紙包著刀直接丟下去」、「那時包著菜刀的報紙從菜刀上剝落，在河面上漂浮著，只有菜刀沉到河底去了」。

另一方面，在這個事件中，有好幾個路人目擊到，在這起犯罪發生的時間前後，有一個男人的身影從被害人住宅附近朝馬路飛奔而出、快跑離去。而當晨間市場的流動攤販及漁市場工作人員來到被害人的住宅時，他們聽到女性求救的聲音，也立刻看到了可疑人物。被害人家中雖然沒有財物損失，但在臥房內留下了一只手電筒。此外，電話線及電線也有被切斷的情形。而且夫妻臥房的被單上，留有疑似鞋印的痕跡。這些都是可以被認定爲外部人犯案的證據。

最後的那項證據尤爲關鍵。犯人到底是外部的人、還是內部的人？最能明顯呈現出兩者差異的，就是侵入事實的有無。雖然那枚疑似鞋印的痕跡染著血，然而因爲鞋底的形狀並沒有清楚地呈現出來，所以也有可能是光腳踩到剛沾到血的床單而留下的痕跡。即便如此，這項證據仍然具有特別的重要性，而非僅是一項普通的證據。

接下來，本文將會解釋爲何這項證據具有此等特別的意義。

內部人犯案說所包含的冤罪性

企圖藉由「內部人犯案還是外部人犯案」的二分法，而將犯人限縮爲內部的人，本來就是很危險的作法。

在家庭成爲犯罪現場的案件中，採取內部人犯案說，如果用「C&P圖」來分析，則意味著以下的情形。

如果犯人是內部的人，則六個W當中，上面的三個W（「誰」、「在什麼時候」、「在什麼地方」）都不證自明。第四個W（「對誰」）原本就很清楚。

而最下面二個W（「如何做」、「做了什麼事情」）的設想範圍，也相當程度就自然地限縮了。這個情況是指，因爲那邊有具屍體，所以應該是殺人吧。接著只要把最下面兩個W塡上具體的內容就夠了。

所以，最重要的是，我們必須仔細地確認採用內部人犯案說的前提。也就是說，裁判者應該懷疑，外部人犯案說的可能性是否眞的能被排除？如果其中存在著模糊空間，則所有的推論都宛如沙上樓閣般不穩固。家人在犯罪時間前後待在家裡，明明是件正常的事，怎麼能被當成犯罪？

從這樣的觀點來看，在德島事件中，只要被單上留有疑似鞋印的痕跡，就算不能確認那是外來鞋印，應採取內部人犯案說的根據也早已不復存在。此時根本不具備採取內部人犯案說的前提條件。

危險的偵查「轉向」

反過來說，如果從偵查者的角度來看，採取內部人犯案說，有時候可以一口氣解決所有的問題（也就是俗稱的「破案」）。

偵查機關在偵查過程中改採內部人犯案說，不外乎是想要換個能一口氣解決問題的撒手鐧。因此，裁判者應該對於偵查的方向抱持懷疑態度，看看偵查者是不是爲了要突破偵查的僵局，而將希望寄託在內部人犯案說這個最後且省事的方法。

在這個意義上，裁判者不僅要審視在法庭上提出的證據，也必須要關注偵查的過程。事實上，在這個事件中，警察一開始逮捕了另外兩個人（幫派份子），並進行訊問。很明顯地，警察起初懷疑這是一起外部犯罪。直到檢察官以內部人犯案說逮捕死者的妻子時，已經是事件發生後九個月的事情了（值得一提的是，在這個事件中，不只是偵查者的看法隨著時間發生變化，警察與檢察官間的見解也不一致，而有內部對立）。

兩名與死者同住、證稱死者妻子犯罪的店員，都只有十幾歲（十六歲及十七歲）。他們本身因為另案遭到逮捕，在接受訊問之後，結果就作出了上面的供述。

同居人證言在證明論上的意義

當然，「那個時候應該要怎麼做」，或許都只是後見之明。只憑著這些因素（偵查的經過、店員的年齡等），未必就能夠否定與死者同住的兩名店員證言之憑信性，進而作出無罪判決。或許在當時的審判狀況上，這是很困難的。

但是，我們可以說，在「內部人犯案還是外部人犯案」之中採用了內部人犯案說，往往使得「C&P圖」中的六個W，其個別舉證變得容易流於形式。

內部人犯案說本身，就有這種特別的冤罪性（類型化的冤罪成因）。

如果兩名店員是在事件發生之後，就立刻自然地作出上開證述，這樣的情形即與一般的犯罪目擊證言相同，就算導致內部的人被當成是犯人的結果，也沒有什麼特別值得懷疑的地方。

但是，假如一開始先採取了外部人犯案說（或者不知道要採哪一說），之後才因爲無法突破僵局，而改採內部人犯案說，目擊證言就有可能成了用來完成內部人犯案說而「量身訂作」的證據。

之所以如此，是因爲此時只要能夠用一些證據，來補充六個W之中下面二個W（「如何做」、「做了什麼」）的具體內容，內部人犯案說就成立了。

從這樣的觀點而言，或許就有可能對兩名店員的證言抱持懷疑的態度，進而就其背景進行更深入的審理。

潛藏在日常生活中的冤罪性

即使如此，德島事件迫使我們去思考的，是犯罪在認識論上的特性，尤其是此一認識論的極限。本案使我們深切地認知到，要從外部、事後的角度去認識犯罪事實，確有其難度與極限。

本案絕非眞相難以捉摸的複雜案件。當事人並不是處在一種想要證明自身清白卻不可得的特殊狀況。從周邊狀況來看，本案案情是比較可以清楚認識的。

被當成犯人的死者妻子，在丈夫遇害之後立刻大叫「火災呀！小偷呀！」向四鄰求救，並叫同住的兩名店員去找醫師來並報警。其中一名店員即衝去找警察報案。接獲通報的警察立刻就趕到現場，四周的鄰居也因爲發現騷動而跑了出來。

這就像是普通的犯罪，情況再普通不過了。

然而，這種再普通不過的狀況，卻以瑣碎細節作爲開端，陷入認識論的迷宮。

如前所述，被害人家中的電線被切斷了。因此在案發後，與死者同住的其中一名店員，似乎是爲了進行修復作業，而想要爬上屋頂修補配線。其結果就是，在犯罪時間過後不久的這一段時間中，有人目擊到與死者同住的店員爬上屋頂的身影。這不禁讓人懷疑，該不會是店員將電線切斷的吧（也就是懷疑店員在事後僞裝成外部人犯案以掩飾犯行）。

如果採取這樣的懷疑眼光，無論是妻子大叫「火災呀！小偷呀！」，或者同住的店員立刻衝去找警察報案，這些舉動都難免會被旁觀者解讀爲「原來這是在掩飾犯行啊」。無論是在偵查者還是附近民眾的眼中，毋寧說掩飾犯行才是眞的。這樣一來，明明沒有火災卻大喊「火災呀！」之類的舉動也會變成是很自然的事。

即使是觀看同樣的事實，當事人所經驗到的眞實與外部觀點所觀察到的眞實，兩者確實有所不同。然後，這種乍看之下馬上就能解消的差異，會在某些機會下，變成絕對無法塡平的壕溝，最終造成了審判的悲劇。

在德島事件中，檢察官對於前述的瑣碎細節感到莫大疑惑，於是就以涉犯切斷電線之罪嫌（「違反電力瓦斯臨時措施法」及「違反有線電通訊法」），將該名店員逮捕偵訊。然後，檢察官認爲眞相就是所有店員都在掩飾犯行，並且徹底地看穿其背後的犯意，同時再從人身自由受到拘束的店員口中取得相應的供述，進而確立了妻子殺人的罪嫌。

若是從被當成是犯人的死者妻子角度看來，恐怕是難以置信的過程吧？想必會有種丈二金剛摸不著頭腦的感覺。

事實本身的不可思議

在德島事件中，還有一個迫使我們去思考的問題，就是事實本身的不可思議、事實本身的偶然性。

本案中，有一把匕首（沒有刀鍔的日本刀），刀尖朝上靠在遇害現場主屋廁所附近的牆壁上。雖然從匕首上檢驗出微量的血跡，但是否爲犯罪工具，（以當時的鑑識科學水準而言）不得而知。而且，爲何這樣的東西會以那樣的狀態被放在該處，也是超乎我們所能理解的。檢察官認爲，那把匕首可能是妻子或同住店員的所有物，被用來切斷電話線。但即使如此，我們還是無法理解該匕首爲何會被放在那裡。另一方面，即使這是來自外部眞凶的東西（外部人犯案說），也很難理解爲何它被以這種方式遺留在那裡。

除此之外，被害人鄰居的說法，也很不可思議。

死者的鄰居夫婦表示，當天因爲被害人家裡發出夫妻吵架的聲音而被吵醒，特別是鄰居的先生主動表示，當他衝到被害人家裡的時候，死者的妻子曾露出可疑的言行。與死者同住的店員在事件過後立刻爬上屋頂，這件事也是鄰居先生最先說他看到的。而這位先生是個經營鐘錶店的殷實公民，與隔壁被害人家並沒有特別的糾紛或瓜葛。

把這件事與前述關於電線的疑點（究竟店員有沒有將電線切斷？）相互連結，就會出現底下這樣奇妙的狀況。

事件過後不久，電燈確實曾有不亮的狀況，但這單純只是因爲斷路器的蓋子開著所導致，趕往現場搶修的電力公司作業人員，即已確認此一事實。作業人員把斷路器的蓋子蓋上，輕易地就恢復了供電。然而，已恢復的照明之後卻又不亮了。斷路器蓋子被打開的事實也好，蓋上蓋子通電後電燈再度熄滅的事實也好，都透露著掩飾犯行的味道。

檢察官認爲這種種行爲都是爲了製造出斷電狀態（也就是外部人犯行的表徵），進而判斷這是固執、惡劣的店員在故布疑陣。檢察官因此將店員予以逮捕，並進行偵訊。

這些看來好像都是很瑣碎的細節，在審判上卻意外地被視爲有力的證據。以上的事件經過，如果我們的假設是，案發後店員爲了掩飾犯行而立刻把電線切斷，就會合乎邏輯；除此之外的看法反而就說不通。

在德島事件中，之所以五次聲請再審都遭到駁回，就是因爲這一點。（後述德島地院判決：「在安全器的蓋子關上後，已經點亮的照明，之後隨即熄滅的理由爲何？……這件事情……經過數次的再審聲請審理後，其憑信性無從否定，而爲有力的根據。」）即使是在認定爲無罪的最後一次再審判決中，這件事情也被當成是原因不明的事態（德島地院昭和六〇年七月九日判決「原因不得而知」）。

正因爲如此，重要的不是這些細節的眞相，而是類型化的冤罪成因。

丸正事件與一條手帕

說到冤罪事件的辯護，正木昊是其中頗具名氣的律師。

正木昊曾經辯護過的事件中，有一件是**靜岡・三島的丸正貨運行女老闆殺害事件**（一九五五年）。

本案（丸正事件）是一名貨運行女老闆在店鋪兼住宅處被勒殺後，於半夜兩點半被人發現的事件。案發現場的丸正貨運行，是位在三島車站前的集貨處，深夜也有收件。被害人是在一樓集貨處的店門口被殺害，屍體倒臥的地方，是從一樓店舖內的值班宿舍出來、正好要出店門口的出入口。二樓是死者的哥哥夫妻的住處。

被害人小時候因平交道事故而失去右手臂，單身，當天也在值班宿舍休息。即使是在深夜，丸正貨運行也經常定期地收受卡車公司搬運來的貨物。因此，習慣上店舖的玻璃門入口夜間也不會上鎖，搬貨的業者可以直接從玻璃門進入，女老闆再起來收受貨物。

依據哥哥的證言，當天在發現死者遇害的半夜兩點半之前，曾注意到樓下的妹妹（被害人）好像有被叫起來收貨。

警方注意到在案發當天，附近停了一輛運送公司的卡車。當天晚上一點過後，有目擊者指出，在距離丸正貨運行約四十公尺處的路上，停了一輛「大一卡車」運送公司（總公司在沼津市）的卡車。當天從沼津市開往東京的大一卡車大夜班的車輛中，只有該卡車在那個時間經過三島地區。該卡車中途在箱根附近被後面的車子追上，那時已經延誤了約十五分鐘。

約二十天後，警方另案逮捕了那輛遲到卡車上的駕駛與助手。經過偵訊之後，駕駛助手自白因強盜目的而殺害女老闆。

被勒殺的女老闆口中塞著一條手帕，上頭印有大一卡車的名稱。這條手帕被認爲是凶手的東西。

根據慣例，大一卡車在年初時，會把印有公司名稱的手帕送給員工駕駛作為年節賀禮，在犯罪現場所發現的手帕，就是當年一月由大一卡車的藤枝營業所，為此所準備的三百條手帕之一。而被逮捕的駕駛就是任職於藤枝營業所。

但是作為年節賀禮而準備的三百條手帕，其中一部分也有可能是送給客戶。大一卡車與遇害的丸正貨運行，平常即有交易關係，丸正貨運行是大一卡車在三島地區的特約店（因而被稱為「大一卡車三島集貨處」）。

正木昊與鈴木忠五的冤罪風波

在本案的審判中，因為兩名被告辯稱本案為冤罪，而且又無確切的物證，因此檢辯雙方來回激烈攻防。我所要討論的並不是本案的審判，也不是丸正事件的冤罪性。我在這裡想要討論的，可說是事件內幕的風波。

就丸正事件展開「信念」辯護的律師，是正木昊與前法官鈴木忠五兩人。鈴木忠五曾經長期擔任法官，當時已經退休轉任律師。他在擔任法官期間，因審理三鷹事件而廣爲人知。

丸正事件的始末如下：本案從一審到最高法院均諭知有罪判決，其後聲請再審也未能翻案，但是兩位辯護人在丸正事件一、二審都有罪的情況下，在僅剩的最高法院審級，使出了非常手段。

爲了讓法官認爲他們的委任人是冤枉的，這兩位辯護人採用了內部人犯案說，而在提呈給最高法院的上訴狀中，指稱被害人的遺屬（一起住的哥哥夫婦及弟弟）才是眞凶，之後並大動作召開記者會公布「眞凶」姓名。

被點名的家屬對兩位律師提出妨害名譽的告訴。相對於此，正木旲與鈴木忠五則以強盜殺人罪告發遺屬，以所能想到最強硬的手段作爲回應。

在這段期間，眾所矚目的丸正事件，經最高法院作成上訴駁回的判決而有罪定讞。

至於上開這段堪稱場外亂鬥的風波，結果兩位律師對家屬提出的告發以不起訴結案，反之法院則對兩位律師諭知妨害名譽的有罪判決。

這兩位律師的作法當然免不了被批判。不得不說他們所採取的非常手段，很有可能會創造出新的冤罪，而且作爲指摘冤罪事件的批判者，這也是自相矛盾的危險作法。這兩位律師突然開始懷疑起內部的人，這件事情本身與他們所批判的偵查者本質，兩者並無不同。

此外，這兩位律師以爲自己發現了眞相，因此不管做什麼都可以被原諒，這樣的想法也可以說是傲慢、天眞。

正木昊爲自己的正義申辯如下：

「警方處罰眾所皆知的冤罪者，縱放眾所皆知的犯罪者，抑有進者，被認爲是眞正犯人的一夥人竟然對我們提出告訴，本案在這樣的情況下，我們基於正義的立場，也就不得不究明其眞相，並將之公諸於世。」

「世上被稱之爲冤罪的事件並不少見。但是在審判紀錄中指出誰該被推定爲眞凶，並且撰寫在上訴理由中，就是世上少見的事件了吧。」

「這樁僞裝強盜殺人事件的主謀，當然該判死刑吧。」

——《告發：犯人另有其人》（告発——犯人は別にいる），正木昊、鈴木忠五著，實業之日本社

這兩名律師單方面斷言被害人家屬應該被判處死刑，因此被批評爲「自以爲是地認爲自己才是正義」，也是理所當然。

人權律師把被害人遺屬視為犯人，理由何在？

如果進一步說到與本章主題的關係，這兩名律師的問題在於：沒有正確認識到內部人犯案說的危險性。

正木旲與鈴木忠五以強盜殺人罪告發遺屬，其根據不外乎哥哥夫婦明明睡在二樓，卻完全沒有注意到凶案，顯然並不尋常；而且從屍體的流血狀況判斷，被害人是在臉部朝上睡覺時遭到殺害的。這樣的根據，正充分彰顯了內部人犯案說的危險性。

因此，兩位律師舉出用以證明自己主張的證據，證明力不足，終究無法排除本案爲外部人犯罪的可能性。

在這個事件中，既然住在一起的家人陳述看到外部的人與被害人接觸（送貨），在那段時間也有目擊者證述在靠近被害人住宅的地方停著卡車，那麼即使這些目擊證言並不可靠，也無法否定本案有可能是外部人犯案。必須採用內部人犯案說的前提並不存在。雖然藉由目擊證言的不可靠，進而論述丸正事件本身的冤罪性，並無不妥之處；但是因此就說是內部的家屬犯罪，並把國家權力的矛頭指向遺屬，則不得不說是非常沒有同理心的推理。

如果把正木昊等人的主張放到「C＆P圖」中來看，即可明瞭前面的德島事件至少還有目擊證言，本案卻連可以用來證明內部犯罪的目擊證言都沒有，也就是單單藉由內部人犯案說，就想要來證立六個W。

最重要的是，在丸正事件中有一個特殊情形，就是入口的玻璃門晚上都沒有上鎖，所以不應該輕易地就斷定本案是內部人犯罪。

內部人犯案說的另外一個陷阱

以上所說的是外部人犯案與內部人犯案的區分。但是在審判中，不單是兩者之間難以區分，就連意外死亡與內部人犯案的差異也並不明確。

☆**因島毒饅頭事件**（一九六一年），很明顯就是這樣的案件。

位在尾道地區的因島有一戶農家，一名四歲女童吃了家裡的饅頭後，突然神色痛苦，隨即死亡（雖然有其他家人也一起吃了饅頭，但因立刻吐出而性命無虞）。經由司法解剖，從女童的屍體中檢測出農藥成分。

約一個月後，警方另案逮捕了女童的叔叔。被逮捕的嫌疑人是全家的經濟支柱，當時也代替女童（也就是他的姪女）的父母養育她。

這戶人家是以年老戶長爲中心的大家族，除了長子一家人、次子（嫌疑人）一家人之外，還有其他的兄弟姊妹。但是就在這三年左右的期間內，長子夫婦年紀輕輕就過世了。嫌疑人的次女及三女也在出生後不久即死亡。

經過偵訊之後，嫌疑人自白殺害姪女，內容大致是嫌疑人將家裡的農藥加到饅頭中，而將姪女毒死。而且，嫌疑人另外也自白殺害自己女兒及哥哥夫婦的事實，也就是總共殺了五個人。

然而，五名死者當中，因爲嫌疑人的哥哥是倒在巷弄內死亡，警方到場後有進行屍體相驗，當時作成了「因心臟痲痺而死亡」的死亡診斷，其內容相對明確。即使是其他的三位死者，經由重新挖掘已經埋葬的屍體並加以檢驗，也沒有驗出毒物反應（當時因島是採行土葬的方式）。

檢察官因此僅以殺害姪女的罪嫌，將該名男子起訴。

該名男子在審判中辯稱自己是無辜的，一審仍諭知有罪判決，處十五年有期徒刑。

但是，二審的廣島高等法院卻認爲，自白的重要部分，如取得饅頭的方法及摻入農藥的方法等，全都與客觀情狀不符，因此諭知無罪判決（廣島高等法院昭和四九年十二月十日判決，定讞）。有問題的「志痲娘」（しまむすめ）饅頭是這個島上的高級點心，只在特定的店家才有販賣，但在該名男子的自白中，他卻供稱是從實際上沒有販賣「志麻娘」的店家買來的。

被隱藏的意外死亡冤罪性

因島事件中，除了動機不明，被當成是犯人的叔叔在一開始接受偵訊時，曾供稱「摻了農藥的毒饅頭是用來抓老鼠的，不小心放到忘記了」。

也就是供稱爲意外或過失。

詳言之，該名男子在遭到逮捕之後，當下的供述內容是：「事發的前一天，我爲了要抓老鼠而把農藥『克氯苯』塗在饅頭上，並將饅頭暫放在靠門口房間的架子上。隔天早上，當我準備要去工作之前，忘了要把饅頭放到其他地方，姪女才會吃到毒饅頭而死亡。就結果而言，被人家說是我殺了姪女，也是無可奈何的事。」

該名男子是否眞有殺人動機，終究並不明確。偵查者認爲，這一家人曾經是島上屈指可數的資產家，嫌疑人身爲家中的經濟支柱，想要重振家業，爲了減少家計支出而企圖殺害年幼的姪女。但這個說法很牽強。

檢察官爲了補足動機上的不自然，提出了以下的精神科醫師的鑑定報告：

被告的智力界於正常人與輕度智障中間。在前述輕度智能障礙的基礎上……又加上了以不安定性爲基礎的類癲癇人格特質，再加上輕度智能障礙者常有的悖德症（欠缺道德觀念的性格異常），被告因此屬於具有上述狀況的精神病患範疇，其高等情感的發展不良，因此無法克制慾望及情感……被告當時的狀態，很容易採取受到情感支配的行動……處於容易採取暴衝行徑的精神狀態。（按：以上內容均爲判決書引用的鑑定書原文。）（譯按：反社會人格與智能障礙間並無必然相關性，但因智能障礙者欠缺理解及遵守社會規範之能力，故常表現出反社會型人格的徵候或症狀。）

要言之，就算動機不自然也沒關係，檢察官還是會用牽強的舉證方式強行起訴，並求處重刑。

證明論觀點下的「意外死亡」

藉由「C＆P圖」來觀察本案，就可以更明白內部人犯案說的僞裝能力。如果以內部人犯案說來縮小辨案範圍，則意外與毒殺之間的差異，也將幾乎消失。

意外與毒殺本來就沒有辦法藉由科學方法加以區別。經由屍體的司法解剖、毒理學或科學鑑定，所能釐清的是：被害人有無攝取毒物、所攝取的是哪一種毒物等。這些科學方法無法判斷死亡是否由犯罪所造成的。

至於內部人犯案說與六個W之間的關係，如前所述，將會發生以下舉證負擔減輕（甚至是流於形式）的效果。

如果犯人是內部的人，在六個W之中，上面的三個W（「誰」、「在什麼時候」、「在什麼地方」）均爲不證自明的事實，而無須舉證。第四個W（「對誰」）原本就很清楚。而且，就連最下面的兩個W（「如何做」、「做了什麼事情」），在過程中就自動地被限縮了。這個情況是指，因爲那邊有個屍體，所以應該就是殺人吧。接著只要把下面的兩個W塡上具體的內容就夠了。到此爲止已詳述如前。

而且在毒殺的情形，「下面的兩個W」之中，關於「做了什麼事情」這一點，毒殺與意外死亡並無不同。因此，如果將「如何做」以自白等方式加以舉證，就構成案件的雛型了。

況且，關於「如何做」這點，由於有一具毒物中毒死亡的屍體擺在眼前，很容易就能藉由推論的方式加以論述，也會很自然地就傾向於將毫無根據的懷疑納入考量。對被審判者而言，這樣的情形將使冤罪難以獲得平反。

在因島事件中，由於檢察官採取了「如何做」等於「（一定是）把農藥摻入饅頭後，再拿給姪女」的圖式，所以「（有可能是）用來抓老鼠的摻農藥饅頭，不小心放到忘記了」的事態，也就隨著動機這個點一起被隱蔽起來了。

意外死亡冤罪性的各種態樣

究竟是意外還是犯罪而有所爭議的案件中，可以**鹿兒島・大崎的牛舍殺人事件**（一九七九年）爲例。

本案在有罪判決定讞之後，曾一度被認爲可能是意外，而裁定再審，之後又再度被認爲是殺人事件，而撤銷再審的裁定。

鹿兒島縣大崎町，位於大隅半島根部，面向志布志灣。當地特色是大規模栽種蜜柑、哈密瓜等水果，並畜養黑毛和牛，物產豐饒。本案就發生在這個恬靜地區的一戶富裕務農家族。

家族裡的四子（四十多歲）被發現死在自己家裡的牛舍中，長子（五十多歲）、長媳（五十多歲）、次子（五十多歲）三人被認爲共謀殺害了四子（被害人）。此外，次子的兒子（二十多歲）也被認爲有協助棄屍。

這個家族擁有廣闊的田地，在寬廣的基地上各自蓋房子居住。房子彼此相鄰，包括長子、次子、四子各自一家人的三間房子，而且擁有各自的牛舍及倉庫。

案發當時只有被害人與妻子離婚而過著獨居的生活。被害人時常酒後鬧事，屢屢造成其他兄弟的困擾。他的妻子之所以帶著小孩離去，也是因爲他酒後就會暴力相向。

事情發生在這個家族親戚的婚禮當天。那天，被害人的年輕外甥正在街上的餐廳舉行婚禮。但是被害人早上九點左右就在自己家裡喝酒，還說不去參加婚禮。結果那場婚禮就只有被害人一個人缺席，變成一場有親人缺席的婚禮。

沒有出席外甥婚禮的被害人做了些什麼呢？經由後來的偵查，當天被害人的行動大致如下：

下午三點左右，向附近賣酒的人買了兩瓶燒酌。三點半左右，帶著酒氣駕駛小卡車被警察攔阻。五點左右，被看到在自家附近的農用道路上騎著腳踏車。五點半左右，又向先前那個賣酒的人買了兩瓶燒酎。下午六點左右，以半裸腹部朝下的狀態，倒在離自家有段距離的路上，被剛好路過的友人發現。旁邊有台腳踏車。這時他的衣服是濕的，在路邊灌溉渠道中則發現兩支燒酎的瓶子，其中一支裡面已經大致空了。他被認爲是喝醉了連同腳踏車一起跌落灌溉渠道，在被某人救起來之後就倒在路旁。

然後，發現他倒臥在路上的友人，聯絡了附近的鄰居，一起把他抬回他自己家中。被抬回自己家之後，被害人當晚開始就行蹤不明。三天後，他的屍體在自家牛舍中被發現，屍體被埋在堆肥裡。發現的人，是正在協尋的女性親戚們（被害人的親姊妹）。

這起事件被當成是勒頸殺人案件來偵查。如前所述，長子夫婦、次子及次子的兒子被列爲被告起訴。

四名嫌犯當中，只有長媳在整個偵查及審判程序均否認犯罪。儘管她的主張沒有被採信，但在本案有罪判決（有期徒刑十年）定讞之後，她仍主張本案是冤罪，並不斷聲請再審迄今。

再審聲請的過程如前所述，法院曾經一度作成開始再審的裁定。

雖然再審的裁定之後遭到撤銷，但是法院之所以一度裁定再審，是因爲死因存有疑問。當初被害人雖然被認爲是遭到勒斃，但其死因也很有可能是頸椎受傷。因此不免讓人懷疑，被害人或許是在連同腳踏車一起跌落灌溉渠道時，受到了致命傷。

基於何種態樣的冤罪性

但是這個事件（大崎事件）的冤罪性，與前面因島事件中典型的意外死亡冤罪性，兩者有所不同。

被害人的屍體被埋在牛舍的堆肥中，是判斷本案到底是意外或是刑事案件的關鍵。屍體完全被堆肥覆蓋，屍體表面覆了二十公分到四十公分厚的堆肥，由此可知本案並非單純的意外。

所以，本案與之前出現的因島事件，兩者不能相提並論。

此外，本案還有證人作證證明犯罪行爲。次媳作證指出，她曾聽到長媳與次子間達成殺人謀議。這個證言意義重大。這不僅是通常的目擊證言，而是次媳明知自己的丈夫將因此入罪，卻仍如此作證，而且次媳的證言直到最終都沒有改變過。

由「C&P圖」觀察，本案比較接近於同樣存在目擊證言的德島事件（德島收音機商殺害事件）。不過在德島事件中，住在一起的店員的目擊證言後來被推翻，但是本案的證言並沒有被推翻。

因此，在本案的理解上，無論如何都不能忽視以下這樣的看法。也就是說，被害人的大哥、二哥與大嫂，長久以來因被害人屢次酒後鬧事而感到困擾。在此情形下，當他們在案發當天看到被害人沒有出席外甥婚禮、卻喝個爛醉，到了晚上再由附近鄰居抬回來，對於被害人如此難堪的樣子，他們已經感到徹底厭惡，同時更認爲要是沒有這樣的兄弟還比較好。殺意頓時萌生，接著就遂行了本案犯行。

當然，我在這裡想說的並非「大崎事件不是冤罪」。關於被害人的死因，如果考量到被害人先前跌落灌溉渠道這個意外的影響，那麼本案就有可能不是典型的殺人，而是遺棄屍體或遺棄致死類型的犯罪（此時，埋入堆肥中也不能說是殺人，或是具有殺人故意）。如果是因爲某種動機而犯下遺棄屍體或遺棄致死類型的犯罪，那麼本案就不見得是內部的人所爲。被害人跌落灌溉渠道後，雖然是被熟人或附近鄰居抬到其家族居住的土地範圍內，但是被害人當時是獨自一個人生活，並沒有周圍的人確認他被送進屋子裡頭。

在此我所談論的並不是冤罪的實際情形，而是類型化的冤罪成因，並且一直都是在對「類型化的冤罪成因」進行分析。而且冤罪性的樣態也各不相同。

第四章

確保公民審判的真實性——冤罪的認識論與存在論

造訪哲學上的認識論

審判上判斷「有罪」或「無罪」，也就是對於犯罪事實「有」、「無」的認識。若認識到犯罪事實，就會作成有罪之判決；反之，則會爲無罪之判決。這就是一種認識論。廣義而言，這也是思想、哲學世界向來討論的認識論的一部分。

就審判的認識論而言，眞實是如何被認識的呢？這正是審判的最終議題，也同樣是本書的主題。

那麼，就以上問題的源頭，也就是思想界、哲學界的認識論，又是如何思考的呢？此一課題（即「眞理或眞實是如何被認識？」），在哲學上稱作「眞理論」。哲學史上，大抵分爲以下四種學說：一、符應說（correspondence theory）；二、明證性說；三、整合性說；四、實用論說。

一、符應說：對象與認識的對應（也就是兩者一致），即爲眞實。

亞里斯多德（Aristotle）認爲，將「有」認識爲「有」、將「無」認識爲「無」，即爲眞理（《形上學》）。採取符應說的認識論，因爲是直接與存在論（存在者的有無）相連結，故可稱之爲存在論式的認識論。認識到「有＝有」、「無＝無」，即爲眞實；認識「無

＝有」、「有＝無」，即爲謬誤。這樣的論點不僅簡單明瞭，也與審判的結構相符（冤罪即爲將「無」認識爲「有」）。

二、明證性說：對於認識者的精神而言，無從加以懷疑的事物，即爲眞理。笛卡兒（Descartes）將一切都籠罩在懷疑之網（「方法論的懷疑」），最終只有從事思考的、自己的精神，是絕對無從懷疑的（「我思故我在」），世界（亦即人類的精神世界）也才因此得以確立。

三、整合性說：如果能將既已存在的各種認識予以整合，這樣的認識即可被認知爲眞。

此種眞理論，將焦點置於命題（即認識）相互之間的關係。此說源自於柏拉圖（Plato），嗣爲萊布尼茲（Leibniz）、黑格爾（Hegel）所承繼（由於黑格爾藉由其辯證法，將矛盾關係動態地納入到眞理的範疇中，其學說也就成爲最具有體系性、最具有動態性的整合性說）。

四、實用論：此說可以追溯其源流至尼采（Nietzsche），並且爲實用主義（pragmatism）與現代分析哲學所採用。其代表性見解雖爲奎因的學說，但實用論的成立前提，則在於必須放棄嚴格意義下的眞理或眞實。

依據現代美國代表性分析哲學家奎因的見解，所謂的眞實，不過是基於資訊共有、自由溝通，並經由一定程序，而被大家認爲是「可以說明」的事項；所謂的科學是爲了達成該現實性的目的，爲了使說明變成可能而誕生的工具。若我們可以藉由「科學」認知某項事物，我們即可以此爲基礎，更容易地達成彼此之間的資訊共有，並能夠形成合意，進而得以說明事物。換言之，眞實是被擬制而形成。

爲了達成以上目的，眞理就是最有用的道具，其最終也是被建構而成的。就此見解而言，眞理或眞實，即等同於對於人類生命／生活有用的事物。

在審判的認識論上，最理想的是採取前述各種學說中的符應說（存在論式的認識論），可惜的是，這樣的想法終究無法實現。

冤罪通常需要花上長達二十年、三十年的漫長歲月，才能被明確判定爲冤罪。日本戰後被明確判定爲冤罪的殺人案件，在眞相水落石出之前，平均需要三十一．一年的時間（這是從被告遭到逮捕起算，直到再審宣判無罪爲止的平均期間）。如果審判的認識論是立基於亞里斯多德主張的符應說，我們也就不需要極力宣揚「罪疑則不罰」的審判鐵則了。

至於明證性說，因爲此說全然相信認識主體的能力（或者是理性的力量），所以並不適用於審判上的認識論。日本迄今的刑事審判是採取「精密司法」的基本立場，其成立的大前提，乃認爲職業法官能夠清楚證明獲知犯罪事實的有無，然而這也與多數冤罪的發生有所關連。「精密司法」將審判作用與數學推論等同視之，並將職業法官與數學家等同視之，這根本是不合理的事情。

整合性說所要處理的，並非對象與認識的一致，而是將認識視爲命題，並考慮命題間的整合性。從而，此說的前提，就是將認識作爲一個命題，並得以在如同公理系統（Axiomatic system）一般的井然體系之中將其定位。

但審判上的認識對象爲犯罪，而犯罪只是社會黑暗面的諸種現象，就算將這種認識硬說成是命題，說起來也就僅只於一堆各式各樣的命題。要探究這些命題之間的整合性，幾乎是毫無意義。

那麼，實用論在審判上又將是如何？

實用論的背景，是因爲在價值觀多元化、高度複雜的現代社會中，有著一種世界觀的架構，而這樣的架構必須藉由實用論來滿足。即便如此，實用論將「眞實＝實用論」當作其基礎，以科學作爲媒介、作爲道具，進而擔保其客觀性。

然而，審判本來就不是以科學作爲道具，就算是在現代，審判也極度仰賴人類本身的認識作用。將實用論直接套用在審判的認識論中，顯然是行不通的。若要套用實用論，至少也必須找到替代科學的工具。

最終，當我們詢問「眞實在審判上是如何被認識」時，我們並沒有辦法直接套用哲學上的眞理論。這樣的事實意味著審判的認識論有其固有的困難之處。

那麼，審判的認識論究竟具有什麼樣的特徵？又具有什麼樣的難處？

審判上認識論的特殊性

就審判的認識論而言，第一項特徵就是：認識對象是屬於過去的事實。有罪、無罪的判斷，無非就是對於有無犯罪事實的認識，而犯罪事實對於觀察者（審判者）而言，則屬於過去。

像犯罪這種存在於過去的事實，並沒有辦法藉由實驗或觀察予以確認。若以實用主義的角度而言，這些事實在嚴格的意義上，亦無法作爲眞實或眞理而成立。在現代分析哲學的領域中，甚至存在著一種「反實在論」（爲 A. J. Ayer 等人所主張），其主張：歷史事實、犯罪事實等存在於過去的事實，由現在觀之，並無所謂的眞僞可言。

以上是在說明，觀察者（即審判者）無法觀察或實驗過去的犯罪事實；審判者無法以實證證明犯罪事實。至於審判的認識論的第二項特徵，也就是：即便在體驗者之間，彼此的認識也未必能夠一致。

典型範例即爲第三章所提及的德島收音機商殺害事件。被認爲是犯人的妻子，在丈夫遇害之後，立即大喊「失火了」、「有小偷」，而向鄰居求救，路人也因此馬上注意到騷動，察覺有異。附近的居民也都跑出來查看。此外，妻子還吩咐同住的兩名店員儘速向外通報。其中一名店員跑向警察通報，警察在接獲通知之後，立刻奔赴現場。即便如此，案件偵辦仍陷於五里霧中。

即使在當下經歷了相同的事實，因爲當事人所體驗到的事實（即被告的體驗）與外人所觀察到的事實（即目擊者的認識），兩者嚴格說來確實有所不同，因此未必能夠確定事實的眞相。

如同現代分析哲學所論述的，在嚴格意義上，事實是依據個別的解釋系統，而具有相對性的特質，即使觀察到相同事實、以相同語言表達，也不能確定其眞僞（此爲奎因等人所主張）。

審判的認識論的第三項特徵，則與實踐面向更爲相關，該特徵即爲：「作爲認識對象的事實，必然會被公權力機關、也就是偵查機關所粉飾、隱蔽。」這不僅限於如厚生勞動省（譯按：相當於衛生福利部）女性局長冤罪案件所展現的，由檢察官捏造證據如此極端的違法案例。在審判中，檢方總是以一種「理所當然就是如此」、「幾近確定有罪」、「並無冤枉可言」的口吻，亦即以一種隱瞞、粉飾太平的方式來呈現事實。

毋寧說，若無法將事實藉由上述方式予以提示的檢察官，即爲無能的檢察官。因此，在審判上，許多情形應該都是乍看之下會認爲是「必定有罪」。故可說認識的對象經常被隱蔽起來。例如第三章的因島毒饅頭事件，就是典型的事例。在審判的認識論上，其宿命就是「自始伴隨著認識的困難性」。

進一步來說，審判的認識論的第四項特徵，即爲有著「查明冤罪的陷阱」這種特殊的障礙，也就是下述的困難性。

「冤罪批判」的詭異邏輯及心理

在第三章所舉出的事件中，其中之一爲丸正事件。

如前所述，此一事件的兩位辯護人，分別是在冤罪案件辯護上頗負盛名的正木昊，以及前法官鈴木忠五。

丸正事件的辯護活動，詳細經過如下：被告在一審選任靜岡當地的律師來辯護，被判有罪後，自二審起改由鈴木忠五進行辯護。但二審仍被判有罪，於是在第三審加入了正木昊，而由兩位辯護人進行共同辯護。

根據鈴木忠五的說法，一審的選任辯護人安達太助是由檢察官轉任律師，先前雖有長年擔任檢察官的經驗，但他對鈴木忠五表示：「這樣嚴重的案件極爲少見。我從一開始就確信本案爲冤罪，如果是東京高等法院，一定會作成無罪判決吧。」（摘錄自：《不可思議的丸正事件》〔世にも不思議な丸正事件〕，鈴木忠五著，谷澤書店）

鈴木忠五則表示：「我一開始單純認爲，審判長或主筆法官……若有詳細閱讀自白筆錄的話，應該會立即作成無罪判決吧。」「此一事件是極不合常理的事件……所以我認爲，只要根據自己對於證據的意見，對此予以詳細論述，應該就足夠了。我也深信，根據這些無稽的證據，東京高等法院絕對不可能作成有罪判決。」（摘錄自：《告發：犯人另有其人》〔告発——犯人は別にいる〕，正木昊、鈴木忠五著，實業之日本社）

但在宣判後，鈴木忠五則有以下的言論：「第一次閱讀本案判決的錯愕，至今仍舊難以忘懷。我甚至懷疑這眞的是東京高等法院所作的判決嗎？實在不知道該說是可鄙還是不甘心。」「不得不說是無良判決的範本。」「必須說是絲毫沒有良心。」（摘錄自鈴木前揭個人著作）

因此，鈴木忠五吐露出以下的感想：「即便是在如此明確的事件中，眞實也無法被認知爲眞實……不禁對於這樣的現狀感到悲哀。」「感到難以言喻的空虛。」（摘錄自正

木、鈴木前揭共同著作）

至於正木昊，則有以下的言論：「二審判決所展示出的蠻橫推理，已經將我之前所指摘的誤判要素，全都呈現出來。」「看到東京高等法院以前開可鄙的詭辯，以及只能被認為是沉湎於權力的精神產物所作成的判決書，這樣的回答……不禁令人感到憤慨。」「對於這些線性思考的審判者而言，似乎只要眞正的犯人沒有出來自首，就不會判斷究竟是否爲冤罪……這就是歷來日本法官的通病……也是其心智能力的極限。」（摘錄自正木、鈴木前揭共同著作）

康德批判哲學觀點下的冤罪論

無論是前檢察官、前法官，甚至是知名律師，大家都認爲「眞相極爲明確」、「我方即爲正義」，我們相信法院的認定也理應如此。然而，一旦實際情形的發展並非如自己所認知的，即不免意志消沉，動輒口誅筆伐，或是慷慨激憤以對。然而，就社會一般的感覺而言，似乎會覺得有什麼是在根本上出了錯。

在此之前登場的人物們，很明顯地都混淆冤罪的實相以及類型化的冤罪成因。同時，我們也可以發現，其言行舉止所透露的內心想法，與序章的「精密司法」有著一脈相承之處。

所謂的「精密司法」，其基礎信念認爲法官只要能夠專業地操作法律技術，就應該能夠發現眞相。

不過至此所見的冤罪批判論，其邏輯與心理也與該信念相似。姑且不論法官與辯護人的立場差異，就雙方均認爲自己看透眞相這一點，可說是完全相同。鈴木忠五因爲擔任三鷹事件等審判工作，而被稱作名審判長；鈴木退休後，在丸正事件中擔任辯護人時轉變立場，對冤罪作出批判並採取激烈行動，其實也並非難以理解。

若以前述眞理論的關係觀之，這些人都是採取明證性說的立場，獨斷地主張自己的「眞實」，並只是將事態變得更加混亂而已。更根本的問題是，這種論述進一步將掌權者製造冤罪的邏輯以及批判冤罪的邏輯，兩者合而爲一。

爲什麼會變得如此呢？

康德曾對於認識論的極限，進行了批判性的考察。他認爲人類的理性並不能認識所有的對象，哲學上的認識亦有其極限，也就是有著不可知的領域。（摘錄自《純粹理性批判》）

康德提出了四大二律背反作爲例子加以說明。簡要來說，就是認爲人類的理性並非萬能，無論是聖人也好、科學家也罷，都有著無法更進一步認識的臨界點。經由理性所進行的認識，從一開始就有其極限。康德批判哲學的要點乃在於：對於認識主體的人類而言，藉由理性而對於上述事實有所認知，這件事極爲重要。

姑且不論康德的立論目的是在於避免現代哲學陷入完全的懷疑論（其指出，懷疑論乃眞理的說法也具有認識上的界限），此處關於冤罪批判的邏輯及心理，應爲如下之說明。

從嚴格的意義上來說，我們永遠都沒有辦法徹底釐清一個案件是否爲冤罪。即使是再審無罪確定的案件，除了絕對的冤罪案件（例如足利事件這類判定DNA不符的案件）以外，也無法證明其爲冤罪。我想指摘的問題點，並不是「冤罪不過是『灰色無罪』」這種否定意味的內容；而是個案究竟爲冤罪與否，實際上已經脫離了公民應有的冤罪感覺。例如丸正事件，充其量也不過就是各種眞相、眞實之間的爭論。

我鼓起勇氣大膽地說，在審判的領域及司法的世界裡，並不應該追求絕對的眞實。審判制度並沒有釐清眞相的能力。無論是法官、還是專辦冤罪的律師，都沒有這樣的能力。以具有這種能力爲前提而努力不懈釐清眞相，在方法論上是種錯誤。我認爲根本就沒有努力不懈的價值，或者可以說越是努力不懈，將使眞相更加混亂。就像丸正事件一樣。

我們並沒有那樣的能力，而有這樣的認知是重要的。我們必須立於該基礎而出發。

為認識冤罪而為之新嘗試

如上所述，審判的認識論存在著各式各樣的困難。

困難之處在於，審判以犯罪事實這種過去事實作爲認識對象（審判的認識論的第一項特徵）；犯罪事實會根據不同的解釋系統（證人）而產生相對性的面貌（審判的認識論的第二項特徵）；事實作爲認識對象，其在法庭中的呈現，必然會受到控方的粉飾、隱蔽，也就是無法避免權力的作用（審判的認識論的第三項特徵）；認識主體在認識能力上的極限，以及不願承認此點的人類心理（審判的認識論的第四項特徵）。對於這些困難之處，我們都必須有所自覺。那麼是否有一舉克服這些困難之處的方法呢？

所謂冤罪是指經過二十年、三十年始得以釐清的事情（例如，德島收音機商殺害事件）。或者，是最終可能也無法釐清的事情（例如，丸正事件）。

也就是說，在審判的時點，冤罪並沒有辦法被如其所是地予以認識。直接以冤罪這樣的結果（是否爲冤罪？究竟是有罪還是無罪？）作爲認識對象，在方法論上並不合適。

爲何會說並不合適呢？這是因爲此種做法並沒有考慮到時間性的問題。案件的全貌必須經過二十年、三十年如此漫長的時間，才有辦法知悉。若是如此，就要追求先行（Vorlaufen）。亦即，我們有必要「先行」或預測那些需經過一定時間才能發展成熟的事態（「時間化」〔Zeitigung〕）。

這與海德格所論述的「此在的時間性」（引自《存在與時間》）是相同的（相互類比的）。

根據海德格的見解，爲了開啓「此在」（「肉體的人類存在」）的眞正意義，只能將其「終點」（「死」）籌劃於「此在」之中。

於此必須將具有時間性的冤罪整體轉換爲「現在形」（現在的實在），以使之成爲認識對象。爲此，無論如何我們必須先行預測未來，才可能發展成熟的事態。

這樣的嘗試就是類型化的冤罪成因，也就是冤罪性的模型。

不過，以上所述在前面的章節已有論述。此處我想要進一步說明的，是這種手法保證了認識論上的確實性。

本書所採取的做法是，將這些經過二十年、三十年終於釐清的事情，或是最終也許仍舊無法釐清的事情，轉換爲現在的風險（「冤罪風險」）。爲此，我所採用的工具則是「類型化的冤罪成因」。

根據亞里斯多德所提出的「存在論觀點的認識論」，認識論的目的，即在於獲取「有

＝有」、「無＝無」的認識。反之，「無＝有」、「有＝無」即為謬誤，我們必須加以避免。

於此，關於冤罪實相，亞里斯多德的公式或許在審判時點並不能成立，但在論及冤罪風險時，該公式就可以成立。雖然事實無法被釐清，但作為整體的風險則又另當別論。針對「現在的風險」此點，我們可以明確地——以存在論的角度——認識其有無（「有風險＝有」、「無風險＝無」，即為眞理）。

爲了達到時間轉換的目的，所必要的特別工具，非「類型化的冤罪成因」莫屬。藉此，我們即可超越時間軸，並且溯其源流。

本書將依此開創出「存在論觀點的認識論」的可能性。最終我所要嘗試的，就是令審判的認識論可以藉由「哲學上的眞理論／符應說」而成立。於是，亞里斯多德的公式在冤罪風險的層次上成立，也就可以保證認識論上的確實性。

冤罪論的沉淪

迄今圍繞著冤罪的狀況，與海德格在《存在與時間》一書所論述人類非本眞的存在方式——亦即與「沉淪」（Verfallenheit），極爲相近。「沉淪」意指忘卻逝去的過去、漠視尚未到來的未來，僅將眼光囿於眼前所見事物的態度。

圍繞著冤罪的狀況亦同。迄今爲止，職業法官立基於看透眞相的獨斷見解，既將過去的冤罪認爲是過去的污點，而將其視爲不復存在的事物；又將對於未來冤罪的疑慮，從現在「發現眞實」的獨斷觀點來看，視爲並無此事，因而陷入了不斷製造冤罪的惡性循環。

我所追求的則是完全相反的目標。

在審判的此時此刻，我們對於當下尚未明朗、而在將來或許會被釐清的冤罪，要先行地看透其疑慮（「冤罪風險」），並且必須將之有效地活用在當下的審判情境中。爲此，我們並不是要將過去的冤罪忘卻於複雜性的黑暗中，而是要將之作爲與現在相連結的事物而予以再構成（「類型化的冤罪成因」），而必須積極地予以承受。

這就是本書所論述的「類型化的冤罪成因」及「冤罪風險」的基礎。

犯罪認識論的整體框架

附帶一提，就如我們從前揭論述所理解的，在「類型化的冤罪成因」與「冤罪風險」

這兩種工具之間有其關聯。在此我將之總括起來稱爲「冤罪性關聯」。

緊接著本書將會活用「C&P圖」（「犯罪構造圖」與「證據配置圖」），藉以將個別案件的冤罪性予以定位。最終，就可以看見事件的結構。我稱爲「證明論結構」，這也相當重要。「C&P圖」與「證明論結構」這兩種工具之間也有一定的關聯。這些我則總括起來稱爲「證明論的關聯」。

那麼，這兩種關聯之間，是立基於什麼關係之上？

我認爲兩者是處於如下述機械論般的關係。

前者（「冤罪性的關聯」）就如先前所論述，是在冤罪風險的層次上，開啓了「存在論觀點的認識論」的可能性，而保證了認識論上的確實性。因此，就冤罪性有無這一點來說，我們應該是可以獲得確實的認識。然而，這當然並不涉及犯罪事實本身的有無。在此，我認爲重要的是，我們可以藉此獲得個別案件是否爲冤罪的啓發。

舉例來說，如同我在第二章、第三章所提出的，「究竟是第一發現者還是犯人」、「究竟是內部人犯案還是外部人犯案」等切入點，應該很自然地就引起了我們對於冤罪風險的各種想法。更進一步來說，就算只是從：「被告採取第一發現者的抗辯」、「檢察官以內部人犯案來起訴」等案件的輪廓來看，我們或許也可以獲得一定的啓發。

在審判上，事實必然是由檢方以「就是如此的口吻＝幾近確定有罪的口吻＝並無冤枉可言的口吻」來呈現事實。亦即，事實總是以隱瞞、粉飾太平的方式來呈現。儘管此處有著這種粉飾與隱蔽，我們還是可以設想其中乍現的冤罪性。

進而，爲了在現實的公民審判中得以掌握證明程度及事實認定的整體圖像，而構思出後者（「證明論的關聯」）。就這點來說，單從控方舉證行動的輪廓就可以半自動地設想出事態的發展。或者，更直截了當地說，控方舉證上的企圖反而可以讓我們看見案件的實際情況。

如同我們在第二章、第三章所見，藉由這樣的關聯性，我們可以清楚知道個別的冤罪風險，與舉證上哪個領域的論點會有所相關。不僅如此，控方在舉證上是否有著什麼樣的弱點，應該也會變得顯而易見。例如，將自稱是第一發現者的人，以犯人的身分予以起訴，這種情形除了情況證據以外，究竟還有哪些證據？或者是將被告以內部人犯案說予以起訴的情形，外部人犯案的可能性究竟是否已經被徹底排除？

藉由以上的討論，我們可以機械性地確認冤罪風險在整體舉證上所具有的意義（本書以下到第十章，都是以「類型化的冤罪成因」作爲範例，進行討論說明）。

本書認爲，透過上述的框架，最終判斷的要訣也將自行浮現（此際最終判斷本身即已脫離機械論而成爲一種決斷，而該決斷是繫之於下判斷的公民的實存。對此，我將在終章予以論述）。

康德在《純粹理性批判》一書中主張，認識論的框架首先是由感性發揮作用，其次才是悟性（理性）發揮作用，也就是先藉由感性獲得對於認識對象的印象，再藉由悟性將之匯總而得到一個判斷。我也是採取類似的構想。

在康德的認識論上，就人類的存在而言，對於物自身、也就是實體本身進行認識，是不可能的；然而，對於與人類有所關聯的現象，其認識則屬可能。在此意義上，我們就沒有必要陷入懷疑論，而且眞理也被認爲是存在的。於是，《純粹理性批判》爲此而提出了嶄新的認識論框架。

本書則認爲，就算事實本身、也就是冤罪實相，對我們而言是不可能被認識的；但我們還是可以認識與裁判者的實踐有所關聯的冤罪風險。我們所要追求的，就是在此意義之下的眞實。於是，本書希望能夠提出可以達到此一目標的框架。

以「證明」之名訴說的事物

在此之前，一般的論述主要是立於「堅守無罪的正義」之立場而展開。然而，在日本的司法實務上，有罪判決率仍舊極高。由職業法官作成判決的官僚司法時代，自一九八〇年代以來，每年全體案件的定罪率一直都超過百分之九十九・八，絕大多數年份的定罪率甚至超過百分之九十九・九。這樣的情形在裁判員制度施行之後，也沒有太大的變化（裁判員審判的定罪率超過百分之九十九・六）。

因此，就算是在「證明成立」而作成有罪判決的情形，也不能不加以討論。

刑事審判的證明異於數學的證明、邏輯學的證明，這是不言可喻的。不僅如此，刑事審判的證明甚至要求「無合理懷疑的證明」這類極度不完全的證明。

在過高的有罪判決率之中，應該會產生一種悖論性的疑問。亦即，是否正是因為我們認為只要不完全的證明即為已足，所以才會產生「百分之九十九・九有罪」這樣的事態？我們不能單純地將「百分之九十九・九有罪」的事態，理解為偵查者的優異表現。在此同時，審判上的證明究竟有何意義？也必須予以回答。究竟我們以「證明」之名所說的是什麼？

一直以來，審判上的證明在「精密司法」的基礎上，被認為是等同於法律論、證據論或審判準則論等的精緻化。不過要是將審判上的證明，當作是審判過程中的一種邏輯推論，恐怕將無法說明證明的意義與目的。雖然審判上的證明一方面是以數學或邏輯學作為類比，最終卻又屈就於「無合理懷疑」的要求，也就難免有根本性的破綻。在「精密司法」的基礎上，審判的整體都應該在邏輯推理的過程中進行，但在最後的證明成立階段，所要求的水準卻又顯著地降低，這難道不是刻意為了讓絕大多數的案件有罪？實免不了會受到如此本質性的批判。

再者，就審判上的證明而言，還有更加不容忽視的重大問題：明明只是「無合理懷疑」那樣的不完全的證明，有時甚至會成為宣告死刑的正當化基礎。

具有多重意義的「證明」概念

到目前為止，我都是在強調審判上的證明與數學上的證明、邏輯學上的證明之間的差異。然而，根據康德的學說，就連數學上的證明與邏輯學上的證明，兩者本身也是很明確地被加以區別。

數學上的證明，是純粹藉由嚴格的方法，對於真理加以證明；然而，邏輯學上的證明（或是哲學上的證明），除了邏輯以外，也根據經驗作出綜合性的思考，以此顯示命題的客觀性與可靠性。（《純粹理性批判》）

於是，數學上的證明，其目的在於建立完全的數理認識；然而，邏輯學上的證明（或是哲學上的證明）則有所不同，目的在於認識作為近代科學之基礎的人類理性，其本質爲何。

若是如此，審判上的證明，又有著什麼樣的目的？這裡所涉及的問題，就會變成公民審判的證明，其意義與目的究竟爲何？

姑且不論以往在採取職業法官制度的基礎上，關於這個問題（「精密司法」與不完全的證明，兩者之間的關係爲何）的處理，就只是一場騙局。即便如此，我們還是應該提出回答。

公民審判下的證明之意義

那麼，以本書的立場而言，又會如何回答？

在康德的《純粹理性批判》中，於論述感性、悟性的功能以及各種認識論上的命題時，是基於整合經驗論與觀念論的立場展開論述。

若套用康德的用語，所謂審判上的證明，就是根據綜合過去經驗（即冤罪現象）的方法論（即理念型的方法論），透過感性與悟性（即公民感覺），感受存在於案件內部的風險（即冤罪風險），進而認知到審判命題（即案件與犯人）的確定性。

至於其目的，則可以透過與公民之安全與自由之間的關係加以理解。爲了保護公民的安全，在我們的社會中，可說如宿命一般，會要求盡可能廣泛地對犯罪現象發動刑罰。

但另一方面，爲了確保公民社會的根本價值，也就是自由，在決定發動刑罰之前，我們必須確認案件的冤罪性。所謂冤罪，就是居於受審地位的公民，無辜遭受冤枉，而不當地將其自由予以剝奪。這就是公民自由的問題。

要如何調和公民的「安全」與「自由」？也就成了一大難題。

最重要的是，居於審判地位的公民，如果可以藉由上述的方法論，透過公民感覺來感受冤罪風險，這絕對會是「由公民來確保公民的自由」最爲合適的方法。在這種狀況下，我們的社會應該是可以被認爲已經制度性地貫徹了公民的自由。就結果而言，就算公民的自由並沒有被百分之百地予以貫徹，在制度上或是理念上，仍舊可以稱得上是已經被貫徹。同時，透過公民審判，如果可以藉由這樣的形式來確認審判命題，從公民社會的安全觀點來看，對於犯罪這種危險現象所進行的應對（司法權的行使），也應該被容許。

如此一來，就算不是完全的證明，我們也可以推導出得以發動刑罰的根據。換言之，「由公民來確保公民的自由」（系統性地加以確保），即爲其根據所在。因爲，就近代社會而言，自由的本質已經脫離了肉體上的、具體的意義，而被理解爲人類精神或是貫穿歷史的一般理念（康德、謝林、黑格爾等）。

反面來說，由這樣的觀點觀之，只有宣告死刑一事必須另當別論。我們必須對於死刑與「無合理懷疑」之間的關係，投以懷疑的眼光。

假使我們是藉由不完全的證明來宣告死刑，或是有宣告死刑的可能，這件事本身可說是構成了公民自由的巨大危機（即使作爲系統而言，自由還是能得到一般性的確保）。毋寧說，這就被視爲是人類精神（自由的精神）上的問題。到底其中是否具有正當性？審判上的證明程度與死刑之間的關係，就成了現代司法的最大難題。這一點也涉及了冤罪的正義論，我會在最後再予論述（終章）。

於此暫且擱置冤罪的正義論問題。若我們仿效康德「哲學上證明」的論點，審判上的證明，尤其是公民審判的證明，就可以藉由以下的意義與目的予以定調。亦即，所謂公民審判的證明，就是藉由公民的感性與悟性，明確地確認審判命題，這也使得公民的自由與安全能在本質上並存。

第五章

冤罪線索三——關於毒殺的難題

高冤罪率的毒殺事件

一般而言，毒殺事件於殺人事件中，有著特別高的冤罪率。疑似爲冤罪的戰後死刑事件中，經由媒體大肆報導，較爲世人所熟知的帝銀事件、波崎事件、名張毒葡萄酒事件等，全都是毒殺事件。

帝銀事件（一九四八年）係發生在日本戰後復興期最大都市銀行的帝國銀行，死亡人數高達十二人，爲日本戰後史上最大的集體殺人事件。雖然是使用特殊的氰化物而進行毒殺的事件，但被認定爲犯人者，竟然是一位沒有任何操作氰化物的知識與經驗的著名蛋彩畫畫家。

波崎事件（一九六三年），是在日本處於高度經濟成長期，於房總半島犬吠埼附近發生的離奇死亡案件。深夜回家的農家主人突然口吐白沫倒下，其妻急忙將他送往醫院，但不久後即宣告死亡。雖然當初醫院認定爲病死，但經過司法解剖所得的結果，確認有氰酸反應，死因被判定爲氰化物中毒而死，因此產生了毒殺的疑雲。被害者口吐白沫倒下是發生在從距離家中數分鐘車程的友人住處返家後不久後的事，因此該友人被當成犯人。然而，本案並未扣得任何屬於嫌犯的氰化物。

這兩個事件的共通點不僅在於被告都被宣判死刑且確定，而且最後都以司法當局並未執行死刑而宣告結束。帝銀事件的嫌疑人與波崎事件的嫌疑人，分別以九十五歲與八十七歲的高齡，在獄中結束了他們的人生。

名張毒葡萄酒事件（一九六一年），爲三重縣名張市農村內發生的農藥毒殺事件。在地區居民於公民會館所舉辦的宴會席間，飲用了葡萄酒的數名女性忽然發出痛苦呻吟，最後造成五人死亡。葡萄酒的瓶中被檢驗出有農藥殘留。參與宴會的一名男性被認定是犯人，動機則被認爲與男女感情糾葛（爲了結三角關係）有關。本件裁判經過如下：

一審因證據不足而宣告無罪，二審結果卻大逆轉，宣告死刑，並經最高法院確定。在這之後，該名被告持續主張冤罪而請求再審。二〇〇五年，名古屋高等法院接受了被告第七次的再審請求。其後卻旋即撤銷，最後再審程序並未開始。

該事件中，作爲死刑犯而被收監的男性至二〇一三本書出版時年已高齡八十七歲。（譯按：該名死刑犯於二〇一五年十月四日以八十九歲高齡於八王子醫療監獄中因肺炎過世。第九次再審聲請案已於二〇一五年十月十五日由名古屋高等法院裁定駁回，新聞報導提及其妹與律師團將再提出第十次再審聲請。）

令人瞠目結舌的冤罪性

方才所見疑爲冤罪的代表性毒殺事件，雖然存有「誰是犯人」的問題，但在中毒死亡的情形，於處理誰是犯人之前，有一個必須先解決的問題。

在英國的毒殺事件中，有宗著名的哈洛德・格林伍德（Harold Greenwood）律師冤罪事件。

格林伍德律師是一個在金錢與女性關係上聲名狼藉的人。該事件的開端是，他妻子喝下紅酒時，忽然感到痛苦，雖然趕緊請來家庭醫生採取急救措施，但最後還是死亡。身爲律師的死者丈夫宣稱，平日爲了除草時常會購入砷。那一天，他並未喝自己打開的紅酒，僅讓妻子喝下紅酒。由於他在妻子死後不到三個月就與情婦再婚，因此使他有了毒殺的嫌疑。

果然，當局挖出已被埋葬的妻子屍體並加以檢驗後，檢測出超過致死量的砷，格林伍德的嫌疑因而確立。

這個事件於第一審時，法院認爲可能是因爲醫生在急救時，誤以爲在格林伍德家中裝有砷溶液的瓶子是自己帶來的藥瓶而予以投藥。最終洗刷了格林伍德律師的嫌疑。

而在法國，則發生過一宗被稱爲毒殺魔的冤罪事件。

事件的內容是警察當局無法忽視寡婦瑪麗・貝絲納（Marie Besnard）殺害其丈夫的流言蜚語，因而將已被埋葬的丈夫屍體再挖出來檢查，結果從屍體中驗出砷，而且檢查貝絲納家族其他已被埋葬的死者，也測出有十三具屍體含有砷。

寡婦瑪麗・貝絲納被以「連續毒殺魔，黑寡婦」之名加以審判。然而，經查明後發現貝絲納家族墓園的空地用來栽種過蔬菜，且曾使用含有砷的除草劑。

在日本，也曾發生第三章已提過的☆因島毒饅頭事件（一九六一年）。

在家中吃著島上名產的女童忽然感到痛苦而死亡，雖然在屍體中檢測出農藥的成分，但在審判中，由於無法排除意外的可能性，最後被告（女童的叔父）獲判無罪。

前述死刑確定的名張毒葡萄酒事件中，從審判一開始，是否可能是意外即成爲爭點，亦即在紅酒的製造過程中可能混入了異物。但在這個案件中，由於其他同樣的紅酒並未造成其他的中毒意外，且混入之異物（農藥的成分）有著隨時間經過毒性較快消失的性質，所以並不會被認爲是意外。

毒殺事件的證明論特徵

一般毒殺事件冤罪率高的理由，是因爲其有著特殊的證明論結構。

首先，有著「令人瞠目結舌之意外死亡冤罪性」，是與「C&P圖」的第六個W（what）相關。於毒殺事件中，就科學上根本來說，並無法區分意外事件與非意外事件。

如同先前因島毒饅頭事件中所述，司法解剖屍體或毒理學鑑定所辨明的，僅關於是否攝取毒物與是什麼種類的毒物，並無法判斷是否因犯罪行爲而導致死亡。在此情形下，科學的證據變得沒有意義。（在以物理方式殺人之情形，大多可以透過法醫學鑑定判明屬於意外或是他殺。例如，「上吊自殺」與「勒死後僞裝成上吊」這兩種型態，可以經由法醫學鑑定加以判斷。）

其次，在毒殺事件中很難得到直接證據。除了前述第六個W以外，在毒殺事件中，通常與所有W相關的直接證據都不存在。爲什麼呢？因爲與其他殺人事件相較，毒殺事件是在隱密下進行。在陰暗的地方祕密地下毒，被害者死亡時，犯人往往早就離開該犯罪現場。因此，難有直接目擊犯罪之證人。

物理的痕跡也難以殘留。於一般的殺人事件中，爲了殺害的行爲，需要使用物理力或是有身體的接觸，但毒殺不需要這些動作即可以達成。這是毒殺的「優點」。因此，並無法期待現場會留下指紋或DNA。也就是說，無法得到這最重要的科學證據。

最後，毒殺事件僅能依情況證據判斷，抑或是依賴自白，無論是何者，均很有可能產生錯誤。特別是後者，弊害十分明顯。

先不論因為沒有科學證據而依賴自白的這種落後手法，在此，我們要面對的是，可以用何種方法依據情況證據認定事實，以及可以推論到何等程度。

情況證據對於六個W的任何一個都無法確實呈現，而僅能籠統影射。這是一種與六個W關連性薄弱的特殊證據。「情況證據的堆疊」究竟是什麼，就成了問題。

此外，鑑於以上證明論上的特徵，這裡所說的毒殺事件，不論毒物是以液體、固體、氣體方式（包含產生有毒氣體的方式等）呈現，亦不論毒性的強度（包含大量給予安眠藥、持續大量給予感冒藥等），而是廣泛包含利用化學物質有害作用的例子。

「情況證據的堆疊」所代表的意義

提到情況證據，必定會被提到的就是要「以堆疊情況證據的方式來舉證」。這種箴言般的說法雖然帶有腳踏實地、認眞努力的意味，但也潛藏著如同亡靈般的模糊與恐怖。

因爲情況證據原本就是曖昧且薄弱的證據，所以當然有數個情況證據加以堆疊的必要。問題在於，僅將曖昧且薄弱的證據加以收集，也就是以「聚沙成塔」的方式，是否就可以認定爲有罪。曖昧的證據，如同無法確定是否有實體的亡靈，若執著於此而不自覺地以有罪終結，甚至有可能判決死刑的話，我們實在不能置身事外。

二〇一二年四月，被告木嶋佳苗（相親活動連續殺人事件）的裁判員審判中，僅以情況證據就宣判死刑。

在這個相親活動連續殺人事件中，我們無論如何都很難對被告有好感，儘管如此，但在幾乎沒有有力證據的情況下，單憑「可疑的狀況」爲依據就判處死刑，難道不會讓多數公民感到懷疑嗎？就算是那些心中已無疑問的人，在某方面而言，也一定會懷疑審判的舉證與談話性節目娛樂取向的討論有何不同。

「以堆疊情況證據的方式來舉證」，其意義並非僅在堆疊、單純收集。絕對不能做這樣的理解。爲了成功地以堆疊情況證據的方式來舉證，首先，必須要有核心證據。我們必須理解在此狀況的堆疊，並不是單純集中累積，而是以核心證據作爲起點，而與其他情況證據靈活地堆疊，構成完整舉證。

怎樣的情況證據可以作爲核心證據，我會在後續說明。無論如何，在欠缺核心證據的事件中，「堆疊」自身應屬困難，即使表面上被視爲堆疊，但實際上有很多都不是眞正的「堆疊」。

若觀察帝銀事件等歷來眾多的判決即可清楚明白，沒有核心證據的事件，最終無法避免高度的冤罪性。因此，關於以堆疊情況證據來舉證，重要的是，什麼才是核心證據。

帝銀事件之謎

帝銀事件爲偽裝成東京都衛生所人員的男性造訪帝國銀行椎名町分店，給予行員飲用宣稱可預防痢疾但實際上卻是氰化物的溶液，殺害十二人，並奪走現金、支票的集體殺人事件。

在這個事件中，平澤貞通被認定爲犯人而遭到逮捕，他是一位能夠參與帝國美術展覽會而無須受審查的著名日本畫畫家，並以蛋彩畫大師而聞名。在審判中，自一審至三審，他都被判死刑。但最終平澤並沒有被執行死刑，而是在一九八七年於八王子醫療監獄結束其九十五年的人生。

帝銀事件的犯行有著顯著的特徵。

犯人區分第一藥與第二藥，並將該二溶液讓行員先後飲用。此外，行員於飲用該溶液前，犯人自己實際示範了飲用該「藥」。犯人很有可能是透過使第一藥劑與第二藥劑之溶液分開飲用，又用與此有關的手法，或是以此方法加以掩飾的某種手法，透過具有遲效性的氰化物之作用來大量殺人。（因爲如果是使用一般速效性的氰酸化合物，最初的飲用者會很快感到痛苦，那麼犯行中斷的可能性就會大增。）

此外，使行員飲用該溶液前，犯人自己在實際示範時，似乎都是從同一容器以滴管吸取溶液，再滴入包含自己的所有的碗中，這樣的實際示範，似乎隱藏了某種化學上的把戲（遲效性氰化物的作用與關於解毒時間的把戲等）。

但是這些謎題並沒有被清楚的解開。首先，最重要的是，必須查明使這樣的犯案手法成爲可能的「氰化物」到底是什麼，但是判決中僅寫出「氰酸鉀」，卻未有科學上的說明。東大理學部的毒理學鑑定也僅查出第一藥劑爲「氰酸鉀或氰酸鈉或其混合物」，其餘均未查明。（至於第二藥劑，則「似乎是水」）。

此外，雖然平澤一度自白，然後就被視爲犯人，但該自白中亦未特別說明與毒物相關的部分。

圍繞在毒物上的各種謎團（是否爲遲效性特殊氰化物、在化學上要如何說明喝下溶液的犯人卻平安無事、第二藥劑的用意爲何等等）並不是尚未解開而已。

在帝銀事件中，雖然使用的毒性物質被認爲是一般的氰化物，但並未從犯人平澤的住處扣押到氰化物等物質。不用說是氰化物，就連過去曾經持有或取得毒物的明顯事實都不存在。不僅如此，從少年時代就一直鑽研日本畫的平澤，也被認爲不具備處理氰化物的知識與經驗。

這與剖繪出的犯人形象並不符合。

於這個事件中，犯人在他處留下的「厚生技官○○○」名片被當作證物，而可證明平澤曾由該厚生技官處接過名片這件事。但是，不用說，收過名片的人很多，而且實際上該名片並非於帝銀事件中使用，而是用於其他類似的未遂事件，因此該名片的證據價值未必很高。

其他的情況證據：一、從帝國銀行拿走且隨即被兌現的支票上的筆跡與平澤的筆跡相似；二、與事件相同時期，平澤手中握有大筆金錢，但取得方法並不明確；三、平澤有其他以銀行作爲犯罪舞台之詐欺犯行（前一年，他於銀行內拾得其他人掉落的號碼牌，拿著該號碼牌取走從櫃檯提領出來的現金與儲金簿）。雖然有著數個可疑的狀況，但欠缺最後臨門一腳。

能從名片追蹤到平澤，雖然要歸功於當時警視廳的著名刑警平塚八兵衛活躍而引人注目的表現（《一代刑警平塚八兵衛的昭和事件史》〔刑事一代 平塚八兵衛の昭和事件史〕，佐佐木嘉信著，新潮文庫等），但就算稱之爲「活躍表現」，也僅止於將平澤特定爲嫌疑犯之一，至於將嫌疑犯平澤進一步鎖定爲犯人的「活躍」則是完全沒有。

以現今的審判標準而言，是一個有罪認定具有極大疑慮的案子。

持有毒物的證明

在毒殺事件中，嫌犯持有所使用的毒物（與同成分之物），通常會成爲重要證物。藉由對屍體的司法解剖與毒理學鑑定以確定是否持有相同的毒物。如果於扣押時並未持有，則會調查過去的取得經歷。雖然必須要考慮到嫌犯會湮滅證據而造成無法扣押的狀態，但最起碼需要確認近期內有取得的事實。

如果沒有辦法找出這一點（持有或取得毒物的事實），將會如同帝銀事件，把與犯人剖繪完全不符的人抓來判處死刑，這種大誤判、大冤罪之危險恐怕不可避免。

因爲「若沒有持有毒物，這個人就沒有實行犯罪的可能性」，這在論理上是理所當然。另一方面，就持有毒物的情形，該毒物若屬於越特殊的物質（水銀、鉛毒、砷、氰化物、沙林毒氣）時，其與犯人剖繪間的一致性會變得明確，持有毒物這件事情的證據價值也會增加。

最後，「持有同一毒物」才是可以成為「情況證據的堆疊」的核心證據。在無法期待有直接證據或科學證據的毒殺事件中，這可以說是必要的條件。

此外，帝銀事件是毒殺事件的特例，其具有直接證據。倖存的被害者們作出目擊證言（他們的目擊證言中「好像是他」、「不是他」各占一半）。連好不容易有直接證據的例子都如前述一般曲折，因此我們就可以明白「持有毒物」這件事情是多麼有助於確實地篩選出與犯人形象一致的嫌犯。

作出死刑判決的最高法院法官：《我的心路歷程》

就雖然沒有「持有毒物」但仍舊被判處死刑的這一點而言，波崎事件也與帝銀事件相同。

該事件是深夜開車回家的農家主人，突然間口吐白沫昏倒，不久就死亡，如此怪異的事件。雖然被認定是氰化物中毒，但農家主人於何時攝取到氰化物、這件事與開車回家有著怎樣的關聯性等，存在不少謎團。

被害者倒地是發生在從距離自家數分鐘車程的友人家中開自用車返家後不久的事，雖然該友人被當成犯人，但並未從該嫌犯住處扣押到任何類似氰化物之物品。

另一方面，波崎事件中，有著相當怪異的各種情況。

首先，被害者死亡不久前，對妻子說了「箱屋老闆給我吃了藥」類似死前訊息的話。「箱屋」是被認定為犯人的男子所經營的店名。不僅如此，這位「箱屋」老闆在離開自己家時，說了「阿斯匹林也吃吧」，並交給被害人像是藥物的東西供其服用（「箱屋」老闆的同居人做了上述要旨的證言）。而且，經發現「箱屋」老闆偷偷為被害者投保人壽保險，並用自己的錢支付保險費。雖然這會被認為是違法的人壽保險契約，但因「箱屋」老闆自行在受益人欄填入被害者妻子的名字，自己只受領半數保險金，這樣的內容會使得保險契約成立。

在這個事件中雖然也與帝銀事件相同，從一審至三審（最高裁判所）均宣告死刑，但在最高裁判所中，與該死刑判決相關的法官中有個特別人物，即團藤重光法官（東大名譽教授、受領文化勛章）。

團藤重光，該名號對於法律實務界、法律學界、特別是東大出身的相關人物，尤其響亮。正是團藤這樣的人物，才可以展現出東大法學部的榮耀。若說東大醫學部的象徵是十四歲就於醫學部（大學預備）入學的森鷗外或是審美派詩人木下杢太郎（本名為太田正雄，東大皮膚科教授），那法學部的象徵，則如同三島由紀夫所述，正是團藤這樣的人。

於團藤的時代，雖然已經沒有如同森鷗外那樣特別的入學制度，但仍留有跳級制度。團藤小學與中學（舊制）兩度跳級，比起一般正常升學的學生年輕兩歲即以東京帝國大學法學部第一名畢業，二十三歲成爲刑事法的助理教授，三十三歲則成爲教授。

在迎接二次世界大戰終戰，日本的刑事訴訟法切換至新法時，團藤以日本方負責人之身分與盟軍最高司令官總司令部（General Headquarters, GHQ）交涉，起草了新刑事訴訟法（現行刑事訴訟法）的法案，當時他年約三十一歲。團藤的著作也被翻譯成英文而享譽歐美，當然，其學說以最高權威而持續君臨戰後日本的刑事法學界，對於審判實務上也有極大的影響力。

自東大退休後，團藤旋即被最高裁判所延攬，以學者出身之法官領導最高裁判所。團藤以富有人情味的人品而周知，皇室亦對其信賴有加，擔任東宮參與（日皇太子的少傅），並在研究的空檔所寫下的隨筆（《刑法紀行》，創文社），得到日本散文家俱樂部獎。該隨筆並非僅是國內外的學者間或法律實務家之間的交流，亦包含監所管理人員與受刑人之間的友誼。

雖然是非常優秀的才子，但也不是所謂的課業才子，小學時，團藤有時會在川邊抓

魚，有時會養殖兔子，在自然中學習。（《我的心路歷程》〔わが心の旅路〕，團藤重光著，有斐閣；《專吾道以致志》〔この一筋につながる〕，團藤重光著，岩波書店）

這樣的團藤作爲法官時所面臨的，即是波崎事件。

雖然團藤下了死刑判決，但在離開最高裁判所時，他卻在報紙及紀念演講會上表示，忘不了該判決蒙上的冤罪之影。（一九九〇年十二月一日「請求死刑廢止國際條約之批准論壇'90」日比谷公會堂特別演講等）。團藤自己感受到「這難道不是冤罪嗎？」這樣一抹不安感。

之後，由於團藤非常懊惱尚未排除波崎事件的冤罪不安感時，就宣告死刑判決，因此他轉變成廢死派，並出版《死刑廢止論》（有斐閣）。這就是爲防止死刑冤罪，僅能廢止死刑這樣絕對的廢死思想。《死刑廢止論》出版後，針對死刑執行對於法務當局採取強烈的批判態度，近年仍激烈地對法務省持續批判。與此同時，團藤刑事法學對於審判實務的影響力急速失墜。現今，幾乎沒有參照團藤的著作的實務家。

二〇一二年六月，團藤結束了九十八年的光輝人生。留下的是炫目的壓倒性事蹟與少數悲劇的餘韻。

那麼，爲什麼日本刑事法學的最高權威，受領文化勛章的團藤，對於波崎事件有著深刻的不安與惴慄？這即是缺少了「持有毒物」這樣的核心證據。

和歌山毒咖哩事件的舉證特性

說到毒殺事件，就會想到一九九八年發生的和歌山毒咖哩事件。吃下和歌山市住宅街的夏季祭典所配送的咖哩的居民們，一開始感到痛苦，最後有四人死亡，超過六十位居民被送到醫院，其原因是砷中毒，居民之一的一位家庭主婦，因將砷加入祭典會場的咖哩鍋中，故被宣判死刑並確定。

對於該名嫌疑犯，從逮捕前就有許多激烈報導相互對立，越演越烈，許多臆測或流言蜚語於談話節目、周刊中都有大幅度報導。家庭主婦可能涉嫌高額保險金詐欺事件這樣的懷疑也逐漸浮上檯面。

雖然該事件已於二〇〇九年死刑定讞，但犯案的動機與背景卻一點也沒有查明。被認爲是犯人的家庭主婦，雖然過去曾涉嫌高額保險金詐欺，但與金錢目的關係薄弱的咖哩事件並沒有直接相連結的點。透過審判，終究沒有辦法將事件的全貌加以釐清。

雖說如此，該事件於「持有毒物」這一點上，卻有著明確的證據。被檢出的砷（砒霜）與從家庭主婦身邊所扣押的砷，經科學鑑定認定爲是同一時期於同一工廠所精製的產物。這是經由被稱作「SPring-8」的超高性能大型發射光解析器，加以進行比對所得。

即使是喧騰一時的案件，成爲死刑犯的家庭主婦主張冤罪。但該證據結構與前述的帝銀事件、波崎事件等有很大的差異。就是否存有核心證據而可以進行情況證據的堆疊這一點，很少有如同和歌山咖哩事件這樣能夠直接說是毒殺事件。

因一般毒物而死亡的話……

即使確定「持有毒物」，若是農藥、原子炭等極爲普通的物體，那會如何？前面所提及的名張毒葡萄酒事件，雖然持有毒物這件事已大致被確定，但該毒物爲農藥。木嶋審判（相親活動連續殺人事件）中，作爲使人中毒死亡的毒物則是原子炭。

若將從農家處扣押的農藥，或是從一般家庭中扣押的原子炭與炭爐，說是「鐵證如山的殺人物證」，大半會被認爲是可笑的事。

雖說是持有毒物，如果是不少人擁有的一般劇毒物，從一開始就無法被認爲有很大的舉證效果。

在此，如果回到「C&P圖」加以思考，根本來說，縱使已確認持有毒物，仍無法就六個W中之任一個爲舉證。於六個W中，僅能就「誰、以什麼、如何進行」爲間接的暗示。僅只於作爲一個可能性而暗示。

若是具有特殊性的毒物，僅以此即可以提高可能性，但如果是不少人都擁有的一般劇毒物，則可以說可能性稀薄。

無論如何，所謂持有者有可能是犯人這樣的說法，本質只是爲顯示出「可能性」而已。

但是，僅憑可能性無法成罪這一點，是毋庸置疑的。

被要求的「證據之雙向性」

若稍微嚴謹來說，作爲核心證據的「持有毒物」，其懷疑的範圍是「同種毒物之持有者」這樣一定範圍內的人，由此集合內加以篩選。

亦即，這樣的篩選所代表的意義，是嫌疑犯會進入到下述的「Q集合」中。

「Q∪q」（q爲犯人，Q爲「當時於附近持有同種類毒物之人的集合」）。

於此，正因爲無法精確知道Q集合之大小（可能非常巨大），因此需要反向的證據。

也就是必須要呈現出「其他人不可能有犯罪機會」（或者「若其非犯人，則無法解釋」）。

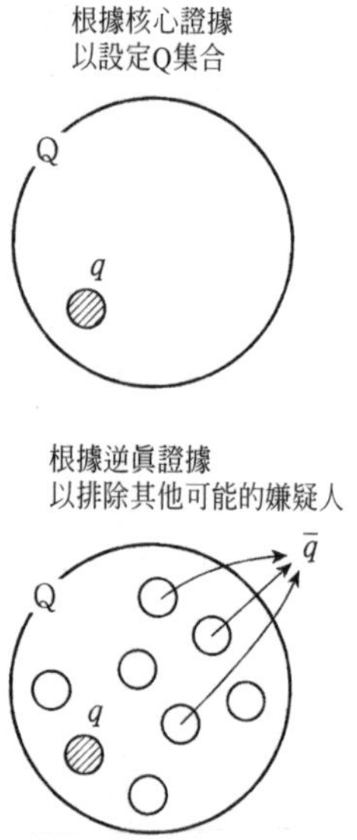

核心證據與逆真證據之概念圖

也就是說，必須有「逆眞」證據（「相反也仍爲眞」）。這可以稱作是爲了「情況證據的堆疊」，而必要之「證據之雙向性」。於此，再次重複論及至今已提及之事件。犯罪的舉證，於不存在直接證據或科學證據的情形，並無「情況證據的堆疊」以外的方式。

爲了成立「情況證據的堆疊」，首先必須要有成爲「堆疊」中心的核心證據。其次，爲了不要將舉證僅侷限於單一方向，至少也要有一個與核心證據相反方向的逆眞證據。必須要顯示出「其他人不可能有犯罪機會」。

但是於此所指的「其他人不可能有犯罪機會」，並沒有證明之必要，只要顯示一定程度即可。因爲若能完全證明的話，單以「其他人並非犯人」這一點就可得出「那個人即爲犯人」。（實際上的問題是，要完全證明他人「不可能有犯罪機會」這點非常困難。）

無論如何，若沒有逆眞證據，即無法解決前述關於Q集合的難題（Q集合的大小不明）。（關於以上，請參照右示「核心證據與逆眞證據之概念圖」）

若以具體事件觀之，那會變得如何？

前面所提及的名張毒葡萄酒事件，大致上已確認嫌疑人持有毒物（農藥）。雖然沒有從嫌疑人住處扣押到農藥，但經查明後，嫌疑人於不久前曾有購入農藥的事實。然而，因爲該地區農村中有不少人持有同一種農藥，故僅以此作爲證據是極度不充足的。

爲此，是否有能夠擔保雙向性的逆眞證據這件事，即成爲問題。也就是，能說「其他人不可能有犯罪機會」嗎？雖然已檢討是否有證據，但宣判無罪之一審判決，並沒有顯示此部分的證據（其他的居民也有犯罪的機會這件事）。

另一方面，宣判死刑的二審判決認爲，根據相關人員的證言，就將毒物混入有問題的酒的機會這一點，除了被告曾一人獨處於公民館約十分鐘，實在很難有其他可能。因而判斷其他人幾乎沒有犯罪機會。

關於該事件，除這些以外還有許多論點（以牙齒開瓶時瓶蓋上齒型鑑定之結果、犯罪時間的限定方法等）。此外，於再審階段，也有「被告所持有的農藥與混入酒中的農藥不是不同的嗎？」這樣的疑惑。然而在此所述者，是名張毒葡萄酒事件在證明論上的基本結構，而將這些問題加以抽象化。

木嶋裁判與和歌山毒咖哩事件之間決定性的差異

參照這樣的證明論上的基本結構，我們回頭看其他的毒殺事件。（以核心證據「持有毒物」、逆眞證據「其他人不可能有犯罪機會」加以整理。）

前面所述的波崎事件，被害者倒下是發生在從距離自家數分鐘車程的友人家中返家後不久的事。也就是關於「其他人不可能有犯罪機會」這點，其顯示了高度的證據性。但仍欠缺前述「持有毒物」的核心證據。

因此，這是一個無論如何都無法排除冤罪疑慮的事件。（無法確定被告持有毒物、被害人於回家前的短時間是否有去其他地方，以及讓被害人喝下的藥是否爲文字所述之「阿斯匹林」？這樣的冤罪不安感無法被排除。）

帝銀事件並沒有核心證據，也沒有逆眞證據，於證明論上僅有極爲脆弱的根據。這樣就要去讚賞著名刑事平塚八兵衛的「活躍表現」，實在令人覺得不可思議。

那麼木嶋事件與和歌山毒咖哩事件呢？

這兩個事件，無論何者，在如同談話性節目般地處理懷疑、怪異的情況這一點上，是相同的。但是以證明論的角度觀之，卻有很大的差異。

和歌山毒咖哩事件，如同前述，是在毒殺事件中少見到的有著核心證據。依超高性能的大型發射光解析器，經科學證明，認定是同一時期於同一工廠所精製的產物。

另一方面，在木嶋裁判中，僅承認持有炭爐與練炭。就持有一般性的物品而以此篩選出被告的犯人性這件事情，無論如何是沒有道理的。而在這一連串的一氧化碳中毒死亡事件中，發現的契機是，雖是汽車內的中毒死亡事件，但於中毒死亡之被害者男性身旁所殘留之炭爐與練炭，與被告所購入的炭爐與練炭製造商相同。依照這個事實，雖然不能說沒有「是犯人的可能性」，但這是相當薄弱的可能性。此外，被告涉入的其他兩件案件，僅有更爲薄弱的核心證據。

因此，於此處爲了成立「情況證據的堆疊」的框架，逆眞證據的有無就變得重要了。也就是說，是否「其他人不可能有犯罪機會」或「若其非犯人則無法適當解釋」，即成爲重點。

若被告並非犯人，該如何適當解釋與被告接觸的三名男性於短時間內以離奇方式死亡這樣的事態？即使是一人，也必須說並非是病死、意外，或因他人行爲死亡（因爲即使是一人，若沒將其排除的話，是有可能改變死刑量刑而改變結論）。

特別是，於該場合中必須有高度確實性顯示出並非因別的情事而死亡。無論如何，所謂的炭爐與原子炭，實在不太能夠作爲在此的核心證據。

第六章

冤罪線索四——可以相信DNA鑑定嗎？

劃時代的DNA犯罪偵查法

所謂DNA鑑定，是利用基因的DNA鹼基序列之多樣性，來進行人身鑑別。

將DNA應用於人身鑑別的想法，來自於原本在一九八五年，英國遺傳學者艾列克・傑佛瑞（**Sir Alec John Jeffreys**）的發現。他注意到DNA在鹼基序列的重複次數上每個人均有明顯的差異等，遂開始想到可以將此原理應用於個體辨識上。而這個原理本身，則可以追溯到詹姆斯・華生（James Dewey Watson）與弗朗西斯・克里克（Francis Harry Compton Crick）所提出的「細胞核DNA的雙股螺旋結構」。

這的確是近代分子生物學的代表性成果之一。

一九九〇年代，DNA鑑定技術作爲犯罪偵查的嶄新手法有著飛躍性的進步，同時也在刑事審判的世界裡引發了證據革命。一九八五年艾列克・傑佛瑞在理論上提出以DNA進行人身鑑別的可能性，之後DNA技術便立刻被應用於犯罪偵查。

另一方面，DNA鑑定技術作爲審判的證據，即便至今，也不過二十多年的歷史，是一種非常新的鑑定技術。

在DNA鑑定出現以前，於刑事審判中，除了指紋之外，血液鑑定也被用來進行人身鑑別。但因為血液鑑定僅是依據血型來作區別，雖說是辨識，可是以A、B、O、AB型來作區別，相符機率僅能達到幾分之一，即使採用組合方法，相符機率也頂多縮小到幾十分之一，並不足以稱為真正的人身鑑別。

相較之下，DNA鑑定優於以往血液鑑定之處在於：一、相對於血液鑑定必須要有相當分量的新鮮血液，DNA鑑定僅需微量或者舊的檢體即可進行；二、僅需含有細胞的組織，不限於血液，任何身體組織（皮膚組織、毛髮、體毛、體液等）都有可能進行DNA鑑定；三、能以遠高於血液鑑定之機率進行篩選。

特別是第三點，有鑑於DNA的許多區域都有可從鹼基序列的重複次數辨識出明顯個人差異的地方，若將鹼基序列重複次數組合後加以檢查，就能以高達幾百萬人、幾千萬人中才會有一人相符，甚至是以幾億分之一、幾兆分之一的相符機率來進行辨識，所以確實是劃時代的技術。

DNA鑑定的原理

然而，在日本，像☆**足利事件**（一九九〇年）一樣諷刺且悲傷的事實確實存在：D

NA鑑定犯了明顯的錯誤，劃時代的犯罪偵查技術竟然變成冤罪的元凶。

以DNA來進行人身鑑別，本應是具有分子生物學這種穩固的科學基礎，但實際在鑑定時，爲什麼會產生這樣的錯誤呢？DNA鑑定到底是什麼呢？這個問題本身就成了問題。

目前，細胞核DNA鑑定的方法有好幾種，雖然各有不同，其共通的基本作法則如下述：

人類的細胞核內，存在著兩兩一對，共二十三對四十六個染色體。儲存著遺傳訊息的DNA，是以鹼基、醣類、磷酸立體地纏繞成螺旋狀的型態存在於染色體中（華生與克里克的「雙股螺旋結構」）。因爲一對染色體中一條是來自父親，另一條則來自母親，所以一對染色體是由兩種遺傳訊息所決定（「A－B」形式）。

DNA之中有部分的鹼基序列（四種鹼基A、G、C、T的序列）是有規則地重複著（「縱排重複序列」〔tandemly repetitive sequence〕，例如以AATG爲單位之重複等）。然後，此處的重複次數是因人而異的（例如，AATGx6、x7、x8等）。

而重複次數到底有多大的差異呢？例如，第四號染色體，鹼基序列的重複模式有十四種，而一對兩條的染色體因爲是分別來自父母，以「18-26」此種兩個數字之組合表示的話，結果可以區別出共一〇五種類型（此處的18或26，是表示重複的次數）。

如此一來，不但可以特定出個別染色體重複次數的差異，也可以事先在統計上確定出不同「A—B」形式出現的頻率。因此，透過調查這個重複次數，就能夠以一定的機率進行身分辨識。

如果就二十三對四十六條染色體中的若干對染色體之DNA進行上述調查，就有可能達到以幾億分之一、幾兆分之一的機率來進行人身鑑別。

說穿了，就只是調查鹼基序列的重複次數。這麼做既不能理解DNA的整體結構，也無法掌握個人遺傳訊息的差異。調查鹼基序列的重複次數，終究只能得到根據統計上的機率理論計算出來的數字（因此，當初雖然被稱爲「根據DNA的人身鑑別技術」，現在則改稱爲「根據DNA型別的篩選技術」）。

所謂DNA鑑定，就是計算鹼基序列的重複次數。因此，如果算錯的話，結果當然就一塌糊塗了。

足利事件「錯誤鑑定之謎」

關於足利事件，根據再鑑定的結果，發現DNA型別弄錯了，已確定當初警察廳科學警察研究所的鑑定是錯誤的。但是，進一步來說，這個錯誤的性質也有問題。

在該事件中，本來不應該一致的DNA型別，為何會一致呢？

如前所述，雖然DNA鑑定中需計算鹼基序列的重複次數，但所謂「計算鹼基序列的重複次數」，由於不可能直接去數，就必須仰賴分子生物學上的技術操作。實際上，是將抽出的DNA片段進行電泳以分離出鹼基對來完成計算。

於今日，進行此種電泳法時是借助電腦來確定鹼基序列的重複次數，然而在早期，則是以目視來判斷電泳結果（例如，如果是AATGx6的話就是六倍的距離，x7的話就是七倍的距離）的距離（根據重複次數計算而得的距離）。距離之測定是藉由將電泳結果對比所謂「分子量標記」（marker）的刻度來進行。

話說回來，會發現足利事件中的DNA鑑定錯誤，是因為日本大學醫學部教授押田茂實再次進行檢查。押田教授以該事件中使用過的相同方法（科學警察研究所採用的MCT118法），就該名幼稚園娃娃車司機的毛髮之DNA型別再次進行檢查，與科學警察研究所的結果並不相同，這就是一切的開端。正因於此，法院才決定於聲請再審的程序中進行再鑑定。

就該ＤＮＡ型別，科學警察研究所鑑定爲「18-30」，押田教授卻得出了「18-29」的結果。根據押田教授所述，科學警察研究所錯誤之原因，是因爲在以目視判讀電泳結果時，使用了所謂「123 Ladder maker」這種刻度過大的分子量標記。押田教授使用了精密度更高的分子量標記（對偶基因型階梯標記〔allelic ladder marker〕）進行測定，正確的結果並非「18-30」而是「18-29」（押田茂實於一九九七年九月二十五日向最高法院所提出之《檢查報告書》）。

當時，在足利事件所實施的 MCT118 法，雖然被認爲僅能達到八千分之一的準確度（篩選效果），但科學警察研究所的錯誤，當然不是使人落入這八千分之一的不幸中。它的錯誤甚至根本算不上 MCT118 法這種鑑定方法本身的問題，而純粹只是使用了不適切的分子量標記這種極爲粗劣的疏失。

此外，另一個說法是，由於當時的電泳結果（「電泳圖」）不夠清晰，所以在鹼基序列的重複上無法充分判讀一個單位的差異。

更有甚者，在押田檢查報告書之後，於再審中進行的再鑑定，又發現了更嚴重的情形。

根據進行再鑑定的筑波大學教授本田克也所述，科學警察研究所的鑑定，不只是被告本人的DNA型別錯誤，連供比對的（被害者內衣所附著之體液）DNA型別也解讀錯誤了。在科學警察研究所之鑑定中被認定是「18-30」的對照資料之DNA型別，根據本田教授所述，無論進行幾次都是得出「18-24」的結果。

結果，根據押田、本田兩位教授所釐清之點，當時科學警察研究所的鑑定存在雙重的粗劣疏失，極爲粗糙。

接連出錯的日本早期DNA鑑定

關於此點，並不僅限於警視廳科學警察研究所的鑑定。

事實上早在足利事件之前，就有錯誤更爲嚴重的DNA鑑定。

☆**大分女子短期大學學生殺害事件**（一九八一年）中所進行的DNA鑑定。在這個事件中，受法院囑託鑑定的筑波大學以犯罪現場所採集到的毛髮來進行DNA鑑定，認爲其中有一根直髮與一位燙了電棒燙之男子的DNA型一致。

大分女子短期大學學生殺害事件，案情如下：

一名住在大分市公寓裡的十八歲女大學生遭強暴後勒斃。案發當時是夏天的夜晚，儘管公寓住戶似乎注意到好像有不尋常的聲音，但住戶們都悶不吭聲，沒有人出門查看。與死者同住的姊姊於深夜回家時才發現屍體。

事件過後六個月，警察逮捕了住在被害女子隔壁的男子。逮捕的依據是，其與現場遺留之唾液所驗出的血型一致，以及體毛鑑定的結果等。偵查的結果，採認了該名男子承認有進入隔壁房間之供述，而將他起訴。

關於本案的審判，儘管該名男子於審判中主張本案爲冤罪，一審仍判決有罪，並作出無期徒刑的判決。二審時，發現有科學警察研究所的體毛鑑定（並非ＤＮＡ鑑定，而是一般的體毛鑑定）並不正確等情事，最後法院作出無罪判決，本案因此確定。

在此事件中，二審的福岡高等法院於審判中發現科學警察研究所的鑑定有誤後，遂決定依職權委請筑波大學以毛髮爲檢體進行ＤＮＡ鑑定。

然而，自筑波大學法醫學研究室得到了令人驚訝的鑑定結果。

在犯罪現場採集到的毛髮被送到筑波大學進行檢查，根據該大學的檢查結果，結論是其中有一根毛髮與冤罪男性的ＤＮＡ一致。這根被認爲一致的毛髮，是被送去之檢體中的一根直髮。但是，事件當時冤罪男性是留短電棒燙髮型。而所謂ＤＮＡ型別一致的毛髮，則是一倍以上長度的直髮。

在這個審判中，筑波大學的DNA鑑定並沒有發揮任何功用。毋寧說只給人留下逸脫常軌的混亂印象。

然後，接下來就發生了足利事件的大騷動。在此意義上，或許可以說發生足利事件也是預料之中的事吧。

埋葬在黑暗中的另一起足利事件

與足利事件（一九九〇年）相類似的事件中，有一件**福岡・飯塚的小學女生殺害事件**。

這個事件與足利事件相同，都是以猥褻爲目的之女童誘拐殺人事件，但本案被害者則有兩名。兩名就讀小學一年級的女童先是行蹤不明，隔天被發現遭掐死，這種誘拐殺害兩名女童的聳動情節，在日本戰後審判史中，可以說是少見的凶殘事件。曾任職於市府的男子被認定爲犯人，經判處死刑定讞。

有法界人士認爲，飯塚事件就如同於足利事件。其理由並不僅是事件類型一樣（以猥褻爲目的之女童誘拐殺人）。

飯塚事件中，關鍵也是ＤＮＡ鑑定。不僅如此，這個ＤＮＡ鑑定所採用的方法，與足利事件幾乎相同。ＤＮＡ鑑定的種類是採 MCT118 法，同樣使用「123 Ladder maker」來判讀結果。此外，科學警察研究所結論所得到的ＤＮＡ型別，在此同樣是「18-30」。

然而，飯塚事件的發展與足利事件完全不同。

該名前市府職員，於判決確定兩年後的二〇〇八年十月二十八日，突然被執行死刑了。恰好是足利事件的冤罪新聞正開始被過度報導的時候。

當時關於足利事件的報導包括：二〇〇八年二月十四日，朝日電視台在《SuperMorning》（スーパーモーニング）節目中，製作了「足利幼童殺害：另有眞凶」的特輯；二月十九日同一節目中，撥放了「報告審判長，我異議」特輯；同年七月二日，日本電視台在《NewsRealTimeAction》（Ｎｅｗｓリアルタイムアクション）節目中，撥放了「連續誘拐殺人事件，被目擊的眞正犯人，消失的足跡，強行搜索的眞相」特輯。

然後，二〇〇八年七月六日，召開了「請求再審無罪之東京集會」。

就在這樣的情勢中，飯塚事件的死刑被執行了。即便無法接受死刑執行的家屬們於二〇〇九年十月聲請受刑人死後的再審，但無論如何，這都會是戰後審判史中的大問題。

本事件中，幾乎可以確定當局對於鑑定結果存有不安。如果對於飯塚事件的鑑定結果有自信的話，比較好的做法應該是先進行再鑑定後再執行死刑，何況並沒有其他必須盡速執行死刑的理由。雖然有人說這個事件因爲供比對的檢體已用光而無法再鑑定，但縱使如此，還是可以就本人的DNA進行再鑑定，以確認是否有誤，當局捨此不爲是毫無道理的。

用逕行執行死刑來結束問題，只會種下日後無法挽回的禍根。這個事件有可能成爲戰後審判史的一大污點。因爲飯塚事件的死刑執行，使人感覺到司法的黑暗面突然又出現在我們面前。

DNA鑑定的高度專業性與裁判員

現在的DNA鑑定被認爲已經不會出現像過去那樣的錯誤了。然而，除了極少數實際接觸鑑定的專家，沒有人可以確定這件事情。

如前所述（序章），「專家鑑定之批判性檢討」的必要性雖然是老生常談。但事實上難以做到，尤其在DNA鑑定更是空談。實際上，我們既無法體驗華生與克里克所發現的細胞核DNA「雙股螺旋結構」，也無法自己去重複進行爲分離鹼基對（base pair）（譯按：原文如此，唯此處似應指DNA片段）所爲的電泳實驗。雖然能以電腦來判讀電泳法所得到的鹼基序列重複次數，但最終我們仍然無法就該電腦程式進行驗證。

就此，我們只能認可專家體系這種高度的社會分工。現實上來說，別無他法。

但是，另一方面，如果回顧審判史就可以知道，我們無法完全信任ＤＮＡ鑑定。對審判者來說，雖然常常會意識到鑑定具有錯誤的風險（抽象可能性），仍不得不以鑑定作爲前提。結果，作爲證據的ＤＮＡ鑑定，即具有此種宿命的矛盾。

那麼，關於ＤＮＡ鑑定這種高度科學性證據，公民審判的角色爲何？

DNA證據的界限

縱使是科學性的證據，公民也有派上用場的時候，那就是關於證據界限的問題。就ＤＮＡ鑑定而言，空間閉鎖性與接觸限制性，成爲了其效力之前提。關於這些特性的判斷，即爲審判者的職責，且只有站在審判立場的人才做得到。

將ＤＮＡ證據之界限極大化的實例中，有所謂☆**東電ＯＬ殺害事件**（一九九七年）。這個事件於二〇一二年六月裁定開啓再審，重新成爲了話題，其概要與審判經過如下：

在東京澀谷公寓的一處房間裡，發現了一名東京電力公司ＯＬ的屍體。該公寓的管理員瞥了一眼未上鎖的房間時才發現了屍體，而其實當時該名女性失蹤已經超過十天。該名被害的東電ＯＬ每天下班後都在澀谷附近從事特種行業。

這個事件中，被害人身上的現金與票夾都不翼而飛，之後票夾被發現丟棄在巢鴨地區的民宅庭院裡。

警方以強盜殺人罪嫌，逮捕了一名住在屍體發現地點隔壁大樓的尼泊爾人。在該犯罪現場的公寓空房間內留有密封狀態的體液，而ＤＮＡ鑑定的結果，與該名尼泊爾人的ＤＮＡ型一致。此外，在現場採集到體毛中，有一根體毛的ＤＮＡ型別也與該尼泊爾人一致。然而，另一方面，根據ＤＮＡ鑑定的結果，現場採集到的體毛中，也顯示有其他人。

被當成犯人的尼泊爾人，於審判中雖然承認自己曾經是被害人的恩客，且在其他時間曾與被害人發生親密關係，但他抗辯犯罪行爲當天並沒有與被害人見面。

一審東京地方法院，根據現場有發現其他ＤＮＡ型別的體毛，且房間並未上鎖，而贓物的票夾所棄置的場所（巢鴨）與該尼泊爾人並無關連等事由，認爲無法排除犯罪可能是第三人所爲，因而諭知無罪判決。

但是，二審東京高等法院改判有罪，並且宣判無期徒刑。東京高等法院認爲，關於現場有採到別人的體毛這一點，對於沒有清掃乾淨的公寓空屋狀態來說，並沒有什麼好奇怪的。最高法院也跟二審採相同的見解，該名尼泊爾人的無期徒刑因此確定。

在女性被害人與不特定多數男性有身體接觸的情形時，ＤＮＡ鑑定就無法發揮本來的效果。另外，現場不是閉鎖空間而是半開放空間時，ＤＮＡ鑑定的效果就更被削弱了。這個事件中，ＤＮＡ鑑定很明顯地無法成爲關鍵。

結果，另一個在二〇一一年七月才被公開的新事實，再次確認了這一點。該名尼泊爾人在判決確定後也主張是冤罪而聲請再審，而受理的東京高等法院，將被害人體內所殘留的微量體液送鑑定。被公開的鑑定結果是，與該名尼泊爾人的ＤＮＡ型別並不相同。而且該ＤＮＡ型別，與另外一人的體毛之ＤＮＡ型別相符，也就是與現場採集到的該尼泊爾人以外的他人的體毛ＤＮＡ型別相符。

被害人體內的微量體液，以當時的鑑定技術雖然難以進行ＤＮＡ鑑定，但之後由於鑑定技術的進步就變得有可能進行鑑定。

二〇一二年六月，東京高等法院終於作出開始再審的裁定，並且裁定停止執行刑罰。先前被關起來的尼泊爾人踏上回國的路途，成爲了大新聞。

結果，這對公民審判來說有什麼意義呢？其意義就是，根據前述的矛盾（雖然無法完全相信鑑定結果，卻必須將之作爲前提），重新質疑ＤＮＡ鑑定的證據界限，並摸索其背後眞正的意義。

當公民的判斷否定DNA證據

實際的裁判員審判中，出現了否定DNA鑑定或現場指紋等等科學性證據的案例。這就是發生在二〇〇九年的鹿兒島高齡夫婦強盜殺害事件。

這是一件九十一歲及八十七歲的高齡夫妻在自家中遭鏟子多次（合計超過一百次以上）毆打臉部而慘遭殺害的事件，被起訴的是一名七十歲的男性。

這個事件現場殘留的體組織DNA型別與被告的一致，此外也有驗出被告的指紋。詳言之，情形如下：

被害人的住宅周圍有矮樹叢且遠離公路，位在一個從周圍無法看穿的位置，但北側有間六張榻榻米大小的房間，窗戶的玻璃及紗窗都被打破，被認爲是侵入口。被弄破的紗窗面上，檢測出接觸後所殘留的體組織碎屑，而DNA鑑定的結果，與被告的DNA型別一致。此外，和室裡的櫃子被翻倒，在抽屜等數個地方都出現了被告的指紋。

然而，這個裁判員審判的結論之所以是無罪，是因爲認定有不同人先後犯罪的可能性。

該判決認定被告有侵入被害人住宅。然而，被告所爲僅止於此，有可能另有殺人凶手。其敘述如下。

「被告，一、過去曾有接觸過本件紗窗；二、過去曾接觸過本件窗戶玻璃外側；三、過去曾進入被害人家中，且曾接觸過本件櫃子……僅此而已……遠遠不足以推定被告是犯人。」（鹿兒島地裁平成二二年十二月十日判決）

然後，該判決附帶提到，「此外，被告侵入被害人的住宅，有可能成立竊盜未遂罪。」

該判決認爲，揮動鏟子一百次以上進行毆打的殺害行爲本身，是帶著怨恨所爲，而七十歲的被告在體力上既不可能、亦不符合犯人形象。由於用來殺人的鏟子上沒有發現被告的指紋或體組織碎屑，無法證明殺人與被告之間的關聯性。

結果，判決認爲，被告是在與接近實際上發生殺人行爲之時段侵入現場，且有物色財物的行爲，但是可能有別人在另一個時間點進行殺人行爲。因爲無法否定這種可能，根據「罪疑則不罰」的鐵則而認定無罪。

這個裁判員審判的判斷，應該可以說是一直以來的職業法官制度下所想不到的吧。這點從先前已於第二章提到的鶴見事件等，也可以得知。

鹿兒島的裁判員審判，正可以說是突破了至今為止名為維持治安的大石，而顯示了公民的全新想法。

具體的論點就是，我們應該如何思考DNA鑑定或現場指紋在時間上的特性（時段性）。

如同第一章所述，DNA鑑定或現場指紋，是與「C&P圖」的「六個W」中「上面的三個W」（Who、When、Where）有關的證據，這些雖然被當作是人在現場的證明，但就其中第二個W（When）本來就不十分充分。它只能顯示嫌犯在接近發生犯行的時段附近，曾經在該處而已。自採得的體組織的狀態或指紋的皮脂狀態可以判斷的，頂多只有於接近發生犯行的時段附近，嫌犯人在現場而已（甚至依照檢體的狀態，是不是能夠證明這件事情本身都是一個問題）。

換言之，DNA鑑定或現場指紋，是具有時間性的證據界限。鹿兒島事件的裁判員審判正面地接受了這件事，而以往的職業法官制度卻基於維持治安之考量而無視於此。

如此一來，今後公民審判也將會深入處理科學證據了吧。

第七章

導致冤罪的辦案模式有何特徵？——冤罪的權力論

權力批判的必要與弊害

冤罪是權力犯錯所導致的結果，因此我們不能忽略權力批判的觀點。

即便如此，本書的目的是從審判者的觀點來掌握冤罪性，以認識冤罪爲首要之務，因此只在必要的範圍內論及權力批判（對偵查權力之批判）的觀點。最多，只會在與認識論有關的範圍內加以討論。

據此，正確來講，本書與其說是對偵查的批判，毋寧說是對偵查的分析。本書之所以這麼主張，也是因爲「爲批判權力而批判權力」這種將手段當成目的的討論方式，反而可能有礙於分析權力論與冤罪認識論的關係。

在序章中曾提及，在研究冤罪的領域中最廣爲人知的暢銷書是小田中聰樹的《冤罪是這樣被製造出來的》。這是由一流的刑事法學者所著的入門書，該書也發揮了巨大的影響力，例如書中提到的布川事件，就在該書發行後經再審改判無罪。

在這本書中寫著這麼一段話：

因爲這個悲劇有可能明天就發生在自己身上。會這麼說，是因爲若辦案人員找不到可明確指向特定犯人的證據，就會逮捕看似可疑之人，用強迫且狡猾的手段對他進行糾問式的偵訊。而之所以認爲某人可疑，所依據的大多僅是該嫌犯無法提出明確的不在場證明，或是素行不良等這種程度的證據。他們打從偵訊一開始就把嫌疑人當成眞凶，只要沒有找到如不在場證明之類明確的無罪證據，就以眞凶爲前提逼迫嫌犯自白。若嫌犯無法承受壓力，只求快點結束偵訊而作出虛僞自白的話，辦案人員就會以此鞏固證據，將他起訴。之後他就算在審判中主張自白是假的，法院也不會理會，而以自白爲依據作出有罪判決。

書中所述的不當案例的確屬實，而且至今仍可能發生。不過，如果寫成偵查者總是用這種不當手法來辦案的話，也是不當的。

一旦用過於刻板的權力批判視角來觀察偵查或審判，難免會妨礙我們掌握各種冤罪成因的面貌。教條主義的觀點是無法完全掌握類型化的冤罪成因。

小田中的這本書接著這麼說：

山本先生（他是於二戰前廣島縣發生的農家婦女遭殺害事件中，受有罪確定判決後，主張被冤枉而聲請再審的前受刑人）的請求到底能不能被聽到呢？我們應該要努力讓相信眞理必勝、相信正義會實現的人們，能對於這個問題毫不猶豫地作出肯定的回答。

如此一來，這種觀點就變成了某種宗教。

本書要摒除這種意識形態。就算這類意識形態是從厭惡冤罪的動機中產生的，在認識論的討論中，無非只是雜質。

因此，本書以下所討論的權力論，是與一切意識形態區別開來的，也就是作爲辦案技巧的權力論。它是所謂透明無色的辦案模式分析，審判者無論如何都必須在必要的範圍內預先加以了解。本書將這種權力分析命名爲認識論式的權力論。

冤罪的認識論與權力論的關係

那麼，本書所說的認識論式的權力論究竟爲何？

到前一章爲止，本書探討的內容如下：筆者一開始就將目光集中在類型化的冤罪成因。然後，運用顯示犯罪與證據間關係的「C＆P圖」，探討案件的證明結構。

這些是案件內容的認識論。而其所認識的對象會直接呈現於法庭上，也就是「C＆

P圖」的上層結構。

相對地，認識論式的權力論則聚焦於下層結構。

案件進入法庭之前，一定會經歷作爲其基礎的犯罪偵查階段。案件以「起訴事實」的形式提出於法庭（也就是以從第一章以來一直看到的「六個W」的方式），不過那是運用法律技術，將偵查行動中辛苦累積的精華匯集而成的上層結構。也可以說，這是由偵查者建造完成的建築物。

偵查作爲下層結構，雖然只以間接的型態在法庭上呈現，但是沒有下層結構的話，就沒有上層結構。

因此，有必要將目光投向下層結構。

更具體地說，就是以偵查的過程爲基礎，推測發生冤罪的危險有多高。我們將目光聚焦在，偵查機關將未經評價的案件轉變成帶有法律色彩的起訴事實的過程。

更具體地來說，就是去觀察從事件發生到被逮捕之間經過了多久（幾個禮拜、幾個月或幾年）、逮捕的方法爲何、是否採取另案逮捕的手法、從人被抓到最後被起訴之間，人身自由遭拘束的狀況持續了多久等。

一言以蔽之，（與其說是認識案件內容，不如說）是著眼於偵查機關處理案件的外顯過程及其特徵。案件獲得起訴固然稱之爲「成案」，然此處是要從成案的方法是否有問題等觀點，來檢驗案件至起訴爲止的偵查過程。

偵查的各種面向

在偵查中，存在著各式各樣的問題。

刑事審判史中，有如**三鷹事件**（一九四九年）或☆**松川事件**（一九四九年）這種不得不說是誣陷的偵查作爲，也有如**狹山事件**（一九六三年）這種基於階級偏見的偵查作爲。（前兩者都是二戰後混亂期中發生的列車翻覆事件，這兩個事件恣意的辦案手法都在審判中遭到揭發。兩事件疑似受到政府介入或盟軍最高司令官總司令部打壓國鐵工會的影響。而狹山事件則是一起女高中生遭誘拐殺害的事件。本案中的辦案人員先入爲主地將長期遭受歧視的部落民青年設定爲眞凶以進行偵查，全國性的冤罪平反運動、救援活動也由此展開。）

就算沒有同上述那樣明確的不當目的，有時也會因爲犯罪手法極爲凶殘，在輿論要求限期破案的壓力下，偵查者爲顧及警方的顏面非揪出眞凶不可，而採取不當的辦案手法。這可以由☆**首都圈連續殺人事件**（一九七三至七四年）等案件中看出（在高度經濟成長宣告結束的時期，發生了連續十位婦女遭強暴殺害的案子，幾乎都無法成案，其中有一件好不容易起訴了，遭認定爲犯人的中年男性卻在東京高等法院獲判無罪確定）。

只不過，綜觀戰後日本的冤罪案件可以發現，冤案之間都有某些相似之處，同樣的事情以固定的模式反覆上演。這顯示了冤罪危險的指標中，特別重要的是「另案逮捕」。

另案逮捕是什麼？

在此，我們將討論以四大死刑冤罪爲首，應稱爲「第一級冤罪」類別的案件。本書序章中已提及「冤罪」的性質分類，以及它們各自間的微妙差異。我們暫時先將討論範圍限縮在官方確定爲冤罪的案件（法院也認爲是冤罪的案件），以及法界普遍認爲冤罪性高的案件（日辯連協助再審的案件）這兩種類型，並且將目光集中在其中可稱爲重罪中的重罪，也就是說，判決死刑或無期徒刑定讞的案件（本書將此稱爲「第一級冤罪」）。

當我們以偵查手法作爲切入點來分類、辨別上類案件，可以得出什麼結果呢？

結果是，不只四大死刑冤罪全部都有另案逮捕的情況發生，這個類別的所有案件，發生另案逮捕的比例（另案逮捕率）也超過七成。

也就是說，另案逮捕正是冤罪性的表徵。所謂另案逮捕是指，辦案人員不以嫌犯眞正嫌涉的罪名，而以其他嫌疑逮捕訊問之。

以下，將以具體案件來探討另案逮捕所導致的負面影響。

在農民一家六口於夜裡被殘殺的☆**仁保事件**（一九五四年）中，警方懷疑仁保（山口市）出身，在大阪過著流浪生活的男性涉嫌本案，一開始警方先以其他竊盜案件爲名目將這名男性逮捕，以強制處分來進行偵查。在該次訊問中，取得該名男性殺害一家六口的自白。但之後被發現這是冤罪。

另外，四大死刑冤罪之一的☆**島田事件**（一九五四年）中，島田出身，在關東、東海、中部等地區流浪的A青年被懷疑涉嫌誘拐殺害女童，本案警方也是先以其他竊盜案件爲名目將A青年逮捕訊問，取得其誘拐殺害女童的自白。

同樣也是四大死刑冤罪之一的☆**松山事件**（一九五五年）中，當地的年輕人被懷疑涉嫌殺害被害人一家四口，警方卻以別的傷害案件取得逮捕令狀，逮捕一位在東京工作生活的年輕人，並且在訊問中取得他殺害一家四口的自白。

冤罪由另案逮捕開始

另案逮捕之所以表現出冤罪危險，最主要的原因是，另案逮捕顯示了與眞正的嫌疑有關的證據有多麼不足。

如果有足以取得逮捕令狀的證據，就不需要進行另案逮捕。正是因爲與殺人等嫌疑有關的證據不足，所以才需要收集與其他嫌疑相關的證據，用以逮捕嫌犯。特別是挖掘微罪、藉機調查的情形，明顯是不當的權力行使。

在仁保事件中，被認爲是犯人的男性，雖然當時在大阪過著流浪生活，但是警方卻以「嫌犯在故鄉仁保企圖於店內順手牽羊未果」這個很久以前的竊盜未遂嫌疑，當作另案逮捕的名義。

在島田事件中，被認爲是犯人的青年過著流浪生活，而在這個事件中被當成另案逮捕名義的，是他在各地流浪時，涉嫌偷竊毛巾等物的竊盜嫌疑。

在松山事件中，另案逮捕的名義，是事件發生當年的夏季祭典當天，嫌犯酒後和友人打架的嫌疑。

進一步而言，另案逮捕很危險的原因在於，它必然會與強取自白有關。

如前所述，會以另案逮捕，是因爲沒有足夠的證據以眞正的嫌疑逮捕嫌犯。此時因爲沒有足以證明眞正嫌疑的關鍵證據，辦案人員勢必只能靠取得自白來突破困境。也就是說，在另案逮捕嫌犯後，自然地會針對眞正的嫌疑進行訊問，以取得對於眞正嫌疑的自白。

不，與其說是自然而然，不如說那正是另案逮捕的目的。若不取得自白，另案逮捕便沒有意義。其實，在仁保或島田事件中，偵查機關之所以進行另案逮捕，目的並非要起訴先前的竊盜商品未遂，或偷竊毛巾之類的犯罪事實。在松山事件中也是，夏季祭典當日的打架事件其實沒有特別的意義。不如說，對那些事件進行偵查也沒有意義，這樣做沒有辦法達成偵查者所欲達到的目的。另案逮捕的目的在於眞正的嫌疑，並且針對眞正的嫌疑取得自白，僅此而已。

也就是說，它與強取自白有關。

最初是由預想偵查開始

然而，欠缺與眞正嫌疑有關的關鍵證據而進行另案逮捕一事，意味著在逮捕前的偵查初期，其實更缺乏證據。有疑問的是，偵查的初期到底呈現何等光景呢？

要言之，可能有：一、偵查難以繼續；二、沒辦法鎖定嫌疑；三、沒有明確偵查方針等潛在因素。

在那樣的情況中，經常可以看到預想偵查。所謂預想偵查是指，未以確切的方針為基礎，僅以預斷來進行偵查。例如，僅憑恣意的懷疑或想當然耳的確信，就將某個特定人物當作目標的偵查型態。另外也有因為偵查無法繼續進行，結果就將當地素行不良或有前科的人當作嫌犯的辦案手法。

在前面提到的殺害一家六口的冤案中，警方最初是以與人結怨為由逮捕隔壁的屋主以進行訊問。之後，由於偵查進行得不順利，才把嫌疑的矛頭轉向當地出身、在大阪過著流浪生活的男性。

四大死刑冤罪之一的松山事件也是如此。負責偵查的專案小組無法鎖定仇殺動機或取財動機。在偵查初期，專案小組順著仇殺動機這條線，鎖定了一位被害人的點頭之交；同時，專案小組另外也沿著取財動機這條線，徹底調查並找出當地一位素行不良的人士。然後，沿著後者（取財動機）這條線調查的成員認為，這位年輕人之所以在案發後馬上到東京工作，是因為畏罪潛逃。而這想法就是本件死刑冤罪的開始。

預想偵查和另案逮捕若一起出現，發生冤罪的危險就益發高漲。

產生冤罪之偵查的根本結構

若以圖示化來說明，冤罪的模式可以用「預想偵查——另案逮捕——強取自白」這樣的基本結構來表示。這就是一種暗示著冤罪存在的偵查過程。

所以，在審判中，若有「預想偵查——另案逮捕」的情況，理所當然地會懷疑那之後是否有「強取自白」發生。

即使作法尙未達到憲法所禁止的「強迫自白」的程度（日本憲法第三十八條第二項規定，「以強制、拷問……手段取得的自白……不得作爲證據」），在前述之基本結構下，確實會因強行訊問而提高自白的壓力。

以上是以不當的另案逮捕爲前提來進行討論。在此，我想要補充說明，爲何另案逮捕是不當的。或許有人會認爲，雖說「以另一個案件爲由進行逮捕是不當的」，然而就算是別的案件，既然有嫌疑也是只能加以逮捕吧。（或是認爲「這不是理所當然嗎」？）如果沒有涉嫌犯罪，應該就不會發生這種事情。

但是，「沒有涉嫌犯罪，應該就不會發生這種事情」這種說法，只要涉及另案逮捕，便完全不是這樣。另案逮捕同樣關乎於理應沒有涉嫌犯罪的公民。正是因爲它不必然與善良的公民無關，所以另案逮捕才會是個大問題。

另案逮捕為何對公民而言是個問題

透過東十條事件就可以清楚地了解，爲什麼另案逮捕是個問題。

這個事件是：警方懷疑某個人是發生在東京都內北區東十條一帶，婦女遭強暴殺害案的犯人。警方在沒有明確證據的情況下，就以白吃白喝爲由逮捕該人，進而使其自白殺人。

另案逮捕經過如下：警方對嫌犯做周邊調查，聽聞嫌犯在常去的小酒館有數千元的賒帳，而要求小酒館經營者報案。小酒館經營者不太願意地說：「我們不對熟客做那樣的事。」但警察仍勉強他報案。警方以這個行爲構成詐欺罪爲由而爲另案逮捕。

如果一開始就打算吃霸王餐賒帳不還，的確可說就是騙吃騙喝的詐欺罪。當然，那個人也許是打算償還欠款的，而且實際上，不管是小酒館經營者或其他人，沒有人認爲那個人一開始就打算賒帳不還，但是如果警察打算硬幹的話，也並非不能取得逮捕令。

如果有常光顧的酒館，大多數人一定都或多或少有這種程度的賒帳吧。

在東十條事件中，法院表明這種另案逮捕是違法的，而針對殺人罪的部分，也判決被告無罪（東京高等法院昭和四五年八月十七日判決）。

警察權力對公民挑毛病，進而使公民與某個犯罪扯上關係，就算在日本這樣的法治國家也是輕而易舉的事。有多少人被刻意挑毛病後，也不會找到任何一點犯罪嫌疑呢？犯罪嫌疑就潛藏在我們平淡無奇的日常生活中。

例如，從破產的客戶手中取回自家產品的話，會構成竊盜罪（最高法院昭和三五年四月二六日判決）。在高爾夫球場打球，若帶回放在那裡的遺失球，也會構成竊盜罪（最高法院昭和六二年四月一〇日判決）。

和認識的人去喝酒後，照顧酩酊大醉的友人但中途放棄，自己先回家的話，會構成違背義務的遺棄罪（橫濱地方法院昭和三六年十一月二七日判決）。如果有同事在職場的聚會中拒絕其他同事的邀請，打算一個人回家，而若你和其他同事一起把他攔住，使他無法搭上電車，或不讓他換車，會構成暴行罪，以及違反暴力行爲處罰法（大審院昭和八年四月一五日判決）。

和有夫之婦外遇，在對方家裡發生關係，會構成侵入住居罪（大審院大正七年一二月六日判決）。如果想要和喜歡的女性發生關係，而說出「我送妳回家」等話，卻用機車把對方載往自己家或旅館的話，光是這樣就會構成妨害自由罪（最高法院昭和三八年四月一八日判決）。

當然，警方對這些事情挑毛病時，並非想要起訴這樣的輕罪。警方的意圖就是另案逮捕。警方是要以這些輕罪進行另案逮捕來捉人，然後進行殺人等重罪的訊問（即使受訊問者根本不記得自己有做這樣的事）。

冤罪的延伸結構是什麼？

若單獨犯的冤罪模式可以用「預想偵查——另案逮捕——強取自白」表示，那共犯的冤罪模式便可以用「複數犯預想偵查——強取共犯的供述」的基本結構來呈現。

共犯冤罪性是指，將犯人認識的人或友人當作是共犯的一種冤罪現象。此問題會在第九章詳述。與偵查有關而特別成爲問題的情況是，偵查者一開始就設定了複數犯人存在的方針。

共犯冤罪引發了戰後審判史上最混亂的騷動，此騷動正是☆**八海事件**（一九五一年）。

在這個案件中，雖然迅速地找出犯人（一人），但專案小組認爲案件是由複數行爲人所爲。因爲被害夫婦中的先生在棉被中被亂刀砍死，而妻子則是吊死在門楣上，所以警察斷定這是僞裝成夫妻一同自殺的他殺案件，同時認爲僞裝成自殺的動作顯示了這是由複數行爲人所爲。

基於複數行爲人所爲的偵查方針來追查犯人，得到「主嫌是朋友」這樣的供述。結果，無辜的友人便被當作共犯而被判處死刑。

不用說，接受訊問的犯人原本就有想要減輕自己刑責的潛在欲望。認爲有複數犯人存在的訊問者便會抓準對方這樣的心理狀態，以「告訴我共犯是誰」等話語逼迫犯人。如此一來，結果便不言自明了。

問題在於，偵查者有沒有預先論斷了複數犯的存在？以及，有沒有基於這種預斷而進行誘導或強迫的訊問？

根據經驗及直覺而來的預想偵查，為何不可行？

那麼，所有根據辦案人員的經驗及直覺等所進行的偵查，都是不對的嗎？

實際上，根據辦案人員的經驗及直覺等，使偵查有所進展的情況也不在少數。事實上也有高超的預想偵查使困難案件有所突破的例子。所以我們不能說預想偵查都是不好的。

現在被定位爲科學辦案的犯罪剖繪（profiling），其實也可以說是一種預想偵查。犯罪剖繪最初是警察組織想把個別辦案人員的經驗共有化、統一化，以便有組織、有系統地鎖定犯人，進而發展出來的技術。

說起來，犯罪剖繪也可以說是以犯罪學或行動科學等爲基礎的預想偵查。

那麼，預想偵查的什麼問題會與冤罪有關係？問題不在於偵查者進行預想偵查這件事，而是在於進行預想時證據並不足夠。如果偵查人員是在有相當證據的情形下，根據這些證據，依據經驗來進行預想偵查的話，並不會有什麼問題。

問題終究還是在於，偵查者在證據不足的情況下，仰賴著單純的臆測來辦案。在這種條件下，就算是犯罪剖繪也會成爲問題。在證據很少的情形下就進行犯罪剖繪並不適當。實際上，在足利事件中，犯罪剖繪正是產生冤罪的一個開端。

在足利事件中，辦案人員提出了「犯人是那附近貌似喜歡小孩子的中老年單身者」這樣的犯罪剖繪，並據此鎖定幼稚園的娃娃車司機，竊取他身邊可以當作ＤＮＡ鑑定素材的東西（搜尋冤罪者丟掉的垃圾），然後就產生了那個錯誤的ＤＮＡ鑑定。

警方偵查與檢察官偵查的不同

以上所述針對的是一般案件之偵查。

以殺人案件爲首的刑事犯罪被稱爲一般案件，而對於一般案件，檢察官並不會自主地進行偵查。在第一線作爲偵查主力的，始終還是警察。不只逮捕，之後的訊問也都是由警察進行。使嫌犯自白、蒐集補強證據等，也都是警察的職責。

那麼，檢察官是做什麼的？指揮監督警察辦案，直到案件成案（起訴）便是檢察官的職責。一言以蔽之，檢察官做的只是爲求成案而提出「這部分的偵查不充足」、「偵查方向錯了」等指示。最後，檢察官再進行成案的最終訊問（也就是檢察官訊問）便結束。

所以，至此所提到的（預想偵查和另案逮捕等），都是有關警方偵查行動的問題。

檢察官的特偵案件

以檢察官爲主體進行偵查的情形，是一般案件以外的案件，也就是政界貪污案件、經濟犯罪等特別偵查（也就是特偵）案件。

對於特偵案件，例外由檢察官直接進行，而不讓警察接觸。理由毋須多言，因為無法期待容易受政經界影響的警察能夠解決這類案件（警察廳在國家組織法上，和財務省及經產省一樣，不過是個省廳。它的權力性質與被認為具獨立性之檢察廳有所不同）。

特偵案件至今被認為在辦案上的問題應該很少。由於案件性質使然，偵查活動自然會從會計、法令、經濟交易等鬥智的過程來決勝負；訊問對象也都是政治人物、官員、工商界人士，因而被認為強取自白等應該不會發生。但是，近年的郵政弊案中，針對厚勞省的女性前局長所進行的偵查，被發現有捏造證據的情形，顯示了至今的看法都是幻想。

我們重新檢視了特偵案件偵查上的問題，它的狀況和警察辦案的問題（預想偵查、另案逮捕、強取自白等），有明顯的不同。

這是我們如何在現代日本社會（議會制民主主義、權力分立制、以此為基礎的權力制衡，以及對政治權力的監督）中定位檢察權的問題。宏觀來看，檢察機關的存在意義就在於其對政治權力的監督功能。就算在像日本這樣的民主主義社會，若沒有檢察權對政治權力的挑戰，便無法實現權力制衡。在此意義上，檢察權力和政治權力之間的鬥爭是無可避免的，並且是必要的。問題是，檢察機關在實踐「必要的權力鬥爭」時，到底可以（在不弱化檢察權力的前提下）把偵查實務導正到怎樣的程度（從而，我們除了期待檢察機關能夠查明捏造證據等不當偵查的原因，並採取防範措施之外，也期許檢察機關摸索出新方向來強化辦案能力）。

不管怎麼說，特偵案件並非裁判員審判的對象。將來或許應該將政界貪污案件等列入，但現階段它並不在公民審判的主題內。

換言之，就公民審判而言，重點是一般案件的辦案模式分析與權力分析。以偵查機關來說，就是警察所進行的偵查。

第八章

冤罪線索五——有自白就能說是犯人嗎？

緘默權與自白的關係

自白在刑事審判的證據中占有重要的地位，這對司法人員來說是自明之理。但是，明明一方面讓被告保有緘默權，在審判中卻想當然耳地把自白當作有罪的證據，或許照常理來看會感覺有些奇怪。

這就跟緘默權的意旨有關了。當然，日本憲法有規定緘默權（不自證己罪的特權），但是其意義既不是說一旦緘默，案子就這樣結束，也不是說就算沒有自白之類的東西也能審判。

甚至，逮捕後接受強制偵查的犯罪嫌疑人，並不能拒絕偵訊。即使以犯罪嫌疑人的立場說「我行使緘默權」，偵訊仍然會毫無妨礙地繼續下去。對此，犯罪嫌疑人是不容許走出偵訊室的（「忍受偵訊之義務」）。

亦即，緘默權並非是以緘默讓偵訊終結的權利，而不過是能對偵訊室裡的反覆追問一而再、再而三地說出「我緘默」的權利罷了。對接受強制偵查的犯罪嫌疑人而言，他只能保持沉默並長時間忍耐下去。

在這個意義上，即使稱之爲權利，也不是什麼多大不了的東西。如果這個講法有語病的話，那麼改個說法，所謂「緘默權」只不過是保持緘默不會被視爲不當而已。即使是用最擴張的講法，緘默權只不過是人民對抗高壓偵訊的微弱手段。亦即，由於在偵訊過程中，偵查者常會以強制性的手段求取自白，爲求衡平，不要讓其中一方予取予求，因而在法律上賦予人民相對應的手段罷了。

日本憲法中規定了「任何人都有權不被強迫作出不利於己之供述」（第三十八條第一項）爲內容的緘默權，並且宣示了「強制、刑求……所得之自白，不得作爲證據」（第三十八條第二項），看起來像是崇高地闡述了偵查中公民的自由。但是實際上，這只不過是以緘默權去平衡偵查者以公權力行使之強制行爲。

亦即，緘默權的內涵絕對不是「沒有自白也無妨」。緘默權並非站在要讓自白沒有用處的觀點。因此，即使有緘默權，自白當然還是證明有罪的證據。

其實如果讓職業法官說眞心話，那麼「還是有自白比較好」。如果有自白，供判斷的資料就相對增加，也比較容易下判斷。如果行使緘默權的話，反而會讓法官很困擾。

所有的自白都是強迫出來的

就一般的感覺而言，在偵查中爲了取得自白會進行相當嚴厲的偵訊。這種想法已經算是常識了吧。

實際上，問題在於，若用禮貌恭謹的方式來偵訊的話，應該不會有人要自白。偵訊時如果不逼迫犯罪嫌疑人，將得不到自白。在這個意義上，自白必然含有強迫的要素。

如前所述，日本憲法規定：「強制、刑求……所得之自白，不得作爲證據。」反過來說，除此以外的自白都可以作爲證據。亦即，只要尚未到「強制、刑求」的程度，即使偵訊時稍爲嚴苛一點也無妨。

基於這樣的理解，在審判實務上，用說理推論的偵訊方式逼迫犯罪嫌疑人，當然沒問題；即使偵訊者提及家人來動之以情，讓犯罪嫌疑人在精神上或心理上產生動搖，也會被認爲是合法的。

而且，日本憲法中所謂的「強制」，並非事實概念，而是評價概念，就算有些許強迫的色彩，法院最終仍不會將之評價爲「強制」。

這樣一來，即使是相當嚴厲的偵訊也會被容許。而我們可以得出以下結論：受到強制偵查的犯罪嫌疑人，在前述「忍受偵訊之義務」的相互影響下，必須忍受非常嚴厲的偵訊。

反過來說，所有自白的問題都由此而生。不能就這樣把自白的內容視爲犯罪嫌疑人眞情流露下所吐露的心聲。應該將這些自白，看作是或多或少在強迫之下非自願的供述。

重大事件的犯罪嫌疑人會在幾天內自白？

在重大冤罪事件中，理應無辜的人，究竟有多少比例會自白？在這裡，我們就試著從那些可說是最重大級別的案例，亦即死刑事件與無期徒刑的事件當中來觀察。

在前一章「冤罪事件與另案逮捕的關係」這個主題中，出現了「第一級冤罪」這樣的分類（正式認定爲冤罪的事件，以及日辯連再審支援事件中的死刑事件及無期徒刑事件）。而我們觀察了在「第一級冤罪」中的另案逮捕率。

在此也把焦點置於這類事件上。

那麼，在這樣最重大級別的冤罪事件中，冤罪之人（或是被認爲很有可能是冤罪之人）實際接受偵訊時的狀況如何？能夠堅持自己無罪到什麼程度？

在這些事件中，冤罪之人能夠從頭否認到尾的，在死刑事件及無期徒刑事件中各只有一件。其他都被逼迫而自白。

那麼，大約要幾天才會受不了而自白呢？全體當中約半數在逮捕後三天內自白，約三分之二在六天內自白。要言之，撐不到一星期。

這就是日本偵訊的眞實狀態。

在偵查階段自白，縱使是冤罪，也撐不到一星期就被迫自白。即使是可能被判死刑的重罪，也是這樣。

結果是，所謂自白，無非是或多或少在強迫之下，非自願地供述。我們不得不認爲這正是自白的首要性質，是「自白命題」。

在這裡說「自白命題」，並不是想要說不當偵查就像家常便飯一樣，或是要說體制上往往容易出現不當偵查等這類老套的事情。應該說，論述不僅如此。自白的問題是更內在於制度中的、結構性的問題。如前所述，這牽涉到憲法及刑事訴訟法（更精確地說，是與此些有關的法院解釋）的法體系。

換言之，上述自白的首要性質，與偵查之妥當與否無直接關係。總之，即使沒有不當偵查，還是會經常成爲問題。這是立於審判立場的人務必要放在心上的事情。

若我們進一步探問自白問題的淵源，答案會與國家刑罰權及偵查權的存在目的有關。國家面對犯罪現象，為了要維持治安，不得已地施加壓力以迫使真犯人自白，在制度上有其必要。因此偵訊的壓力也必定會同樣加諸於冤罪之人。

所謂「自白是證據之王」是什麼意思？

從以上「命題」看來，自白作為證據，到底是怎麼一回事呢？

自白的首要性質，是強迫的要素與非自願供述——即使如此，還是要將自白作為有罪證據的話，那麼，必須要存在一項穩固不動的根據。有了這個根據，即使自白是非自願或受到些許強迫的情況下做成，也不會影響自白可以作為有罪的認定。

例如以下的事例：

如果犯罪嫌疑人自白埋屍地點，而且如其所說，果真在該處發現屍體的話，我們會如何評價？我們幾乎可以確定他就是犯人。無法想像犯人以外之人可以說中埋屍的地點。此時，他是否有可能不是殺人犯呢？可以想見的其他可能性，頂多是：他不過是遺棄屍體的犯人。如果調查其背後關係，自然就可以得知，這個犯人到底是受其他殺人犯所託而棄屍？或者是他自己就是殺人犯（如果他說他只是受託遺棄屍體，則要進一步找到託付之人，確認其眞實性與事實關係）。

以上說明的意義在於，這直接地表示了關於棄屍地點的自白是眞實的，此外，這也意味著可以在客觀上循線確認這些犯人的親身體驗是否屬實。

因此，即使後來犯罪嫌疑人說「那個供述其實是錯誤的」，上述的證明力也不會因而動搖。依照自白的內容找到屍體既是事實，客觀上確認其犯人親身體驗屬實一事，不會因撤回自白而改變。此外，即使是非自願而爲的供述，效果（客觀上確認其犯人親身體驗屬實）亦不受影響。

上述情形亦可在被告自白凶器丟棄地或是被害人物品藏匿地的例子中觀察到。報紙或電視不時報導基於自白發現凶器，這不但具有新聞價値，其背景更是符合上述法律上的意義。

關於自白，在審判及法律的世界中，自古以來就慣稱「自白是證據之王」。而唯一可以正確地說「自白是證據之王」的情形，就是上述的情形，且以此爲限。

如果沒有自白，物證也不再有意義？

就上述這一點而言，自白在審判上是極爲重要的。我們再一次從自白與物證之間的關係來考察。

被發現的屍體、凶器、被害人物品等雖然被稱爲物證，但是證物本身並不具有如此大的意義。發現他殺的屍體，只表示了殺人的事實，若這是殺人事件，有屍體是理所當然的。在刺殺事件中發現凶器也是一樣，既然是刺殺事件，用來作爲凶器的刀存在於某處，本來就是既定的事情。發現被害人物品也是一樣，這只表示了被害的某一小部分（財物遭受損害）。

物證所呈現的就只有這樣。對於犯人究竟是誰這個最重要的事情，卻什麼也沒透露。然而，若是結合犯罪嫌疑人自白的話，就會產生如前所述的巨大效果。犯罪嫌疑人自白埋屍地點、丟棄凶器的地點、藏匿被害人物品的地點，並且於其自白所述的地點找到屍體、凶器及被害人物品的話，那麼就表示，幾乎可以確定這個人就是犯人。

這樣一來，經由自白產生了物證。因爲有了自白，效果延伸到了證明「犯人是誰」，這是單純只有物證時無法達到的證明效果。

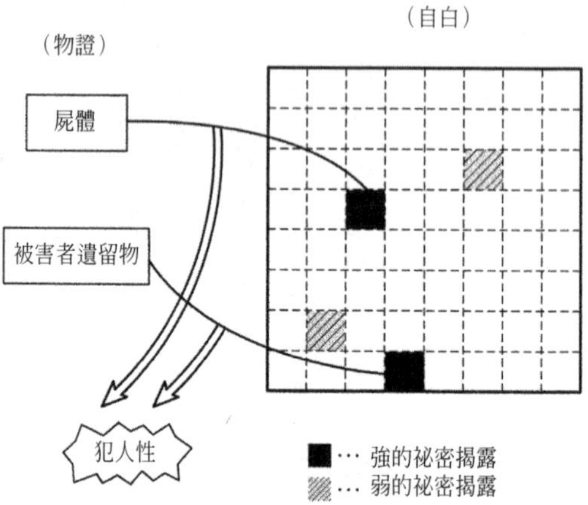

自白與祕密揭露的概念圖

如果用「C&P圖」來說，這些物證原本是關於第六個W（被害情形）及第五個W（犯罪方法）的證據，而與第一個W（犯人是誰）無關，但有了自白之後，物證隱含的意義就延伸到第一個W了（參照上方「自白與祕密揭露的概念圖」）。

因此，有了如前所述「自白是證據之王」這樣的法諺。

何謂自白中的「祕密揭露」

著眼於以上的效果，指出屍體、凶器、被害人物品等所在位置，被稱之為「祕密揭露」。

所謂自白中的「祕密揭露」，大致上的定義即「揭露只有犯人才知道的事情」，更精確的定義則是指「犯罪嫌疑人供述了偵查人員事前不知道的事項，而經由該供述查明了事實」。

在定義上，並不只限於指出屍體、凶器、被害人物品等所在位置，自己說出犯罪方法，或是坦承假造不在場證明，甚至是供稱逃亡路線等，也都可該當於祕密揭露。如果偵查人員事前都不知道這些事情，供述後經過查證，事實果然如被告所言就是如此的話，那麼就可稱之爲「祕密揭露」。不過，若透露的是諸如逃亡路線等，並不會發生如前所述的決定性效果。

換言之，祕密揭露有兩種，指出屍體、凶器、被害人物品等所在位置是「強的祕密揭露」，其他則是「弱的祕密揭露」。

即使是「弱的祕密揭露」，也還是會顯示出：一、部分自白（該供述部分）的眞實性；二、由此推測整個自白的眞實性。是以，「祕密揭露」在刑事審判上受到重視。

如此一來，祕密揭露可以說能夠減少冤罪性。

祕密揭露的強弱

只不過，冤罪性減少程度的種類繁多，情況有些複雜。

此時，情況稍微複雜的理由是，裡頭混雜了邏輯推演上的證明力的差別，以及證據本身的差別。

「強的祕密揭露」與「弱的祕密揭露」的強弱之分，其實帶有若干深意，並且具有在其他證據所看不到的特徵。

實際審判過程中曾出現的「弱的祕密揭露」案例如下：

有案例是，偵查者先取得被告就殺害經過所爲的供述，該供述稱其在用斧頭給被害人致命一擊之前，曾先用斧背敲擊被害人後腦部一次。後來經由法醫學鑑定查明那個傷眞的是斧背敲擊造成。通常，這是剛開始偵查時透過司法解剖就可查明的事情，但在本案中，由於傷勢比較特殊，無法得知是用斧背敲擊，經過後續詳細的法醫學鑑定才加以確認。

這一連串的過程，理論上與指出屍體、凶器、被害人物品等所在位置一樣，或許可以客觀地證明犯人親身的體驗。然而，在這種狀況下有了讓偵查者動手腳的空間，這點就與「強的祕密揭露」不同。偵查者搞不好是參考了當初的司法解剖，打從一開始就猜可能是斧背敲擊所造成的傷勢。

另一個「弱的祕密揭露」的實例是，殺人現場的房間裡有一個古典掛鐘，指針停在十一時二分的地方，依照自白所述，「犯罪結束後將鐘的指針往前調到在十一時二分的地方，假造不在場證明」（自述的內容是「因爲古典掛鐘沒有玻璃，因此可以直接摸到鐘的指針把時間往前調」，而經由其後的偵查，查明古典掛鐘的玻璃蓋在前一年的夏天就已經被家裡的小孩打破了）。

這在理論上也不是不能說印證了被告曾經假造不在場證明（亦即證明了犯人親身的體驗）。但是，偵查者很容易先有此猜測再進行誘導。

上述這些情形，如果眞的也是「偵查人員打從一開始就不知情」，然後「透過自白才得以查明眞實」的話，那麼純粹從理論而言，這應該可說是犯人親身體驗的展現吧。但是，在現實的審判中卻不能這樣單純地肯認此事。

若要問爲什麼，那是因爲偵查者有可能明明事前就已經知道卻裝作不知道。然後，即使有此懷疑，辯護人要證明此事卻難如登天。關於祕密揭露，辯護人大多會主張「毫無疑問，偵查者實際上事前已知悉」、「知悉了之後再加以誘導」，但另一方面，我們可以說偵查者必然會說出諸如「實際上就是不知道」、「經由自白才查明事實」予以反駁，而流於各說各話。

因此，在此，我們必須摒除純理論的觀點，而是從實際上偵查者有無動手腳空間的觀點，來判定證據的強弱。

換言之，「強的祕密揭露」、「弱的祕密揭露」的說法，其實涵蓋了所謂「證據本身的確實性」（作爲證據的硬度）的表現方法。

還有一個「弱的祕密揭露」的實例是關於逃亡路線。被告先供稱犯罪後逃亡的過程中，注意到有汽車開過來，因此閃避逃走。然後偵查人員再根據供述推算出在那個時間及那個地點恰好有車子經過。

這個案例不只是很容易被認爲有誘導的空間，而且是一個即使供述者不是犯人也可能發生的事情（即使憑想像說出上述情事，而那個時間地點眞的恰好有車子經過，也不令人特別驚訝），除了上述實際的觀點，其在邏輯推理上的證明力也很弱。這是最弱的祕密揭露。

祕密揭露與冤罪性減少的各種面向

現在所說的三個「弱的祕密揭露」的實例，最後法院都認爲偵查者有動手腳的空間。

第一例（「後腦部被斧背敲擊的自白」）中，一審、二審都重視斧背敲擊這個點而爲有罪判決（無期徒刑），但最高法院卻撤銷發回，最後判決無罪。這是☆**靜岡・小島主婦強盜殺害事件**（一九五〇年）。

這個殺人事件發生在靜岡縣庵原郡小島（現在的靜岡市清水區）的一處獨棟房子裡，看家的主婦頭顱遭斧頭砍劈，住在附近的年輕人被逮捕後，被迫自白殺了被害人。

第二例（「自白曾調整時鐘指針以便假造不在場證明」）中，一審、二審都把假造不在場證明這個點，視爲是陳述了只有犯人才知道的事實，而判處死刑，但是最高法院果然還是撤銷發回，這個最後也是無罪。這是☆**靜岡・二俣一家四口殺害事件**（一九五〇年）。

案件發生在靜岡縣磐田郡二俣（現在的濱松市），新年開春頭幾天，住在小屋的一家四口被殘殺，被逮捕者是在當地與父親一起擺路邊攤賣拉麵維生的十八歲少年。

在殺人現場的房間內，古典掛鐘指針停在十一時二分，不過少年於當日晚上十一時左右正與父親一起擺路邊攤。在賣拉麵這件事是難以撼動的事實。在此事件中，不可否認偵查者可能爲了把認定的犯罪時點提前，而誘導出這樣的自白。

第三例（「關於逃亡過程中發生事件的自白」），雖然一審到最高法院都判處死刑，但經再審後判決無罪。這就是四大死刑冤罪之一的松山事件。

前面章節已提過該事件。發生在宮城縣仙台近郊的松山町（現在的大崎市），一戶農家全被燒燬，在屋內發現夫婦與兩名小孩的焦屍，死者頭部裂開。這是一家四口的滅門血案。以上的錯誤，都是出在過度重視自白中祕密揭露這個點。

此外，即使是指出屍體、凶器、被害人物品等所在位置（「強的祕密揭露」），如果情況特殊也會發生相同的錯誤。

本來，就這些「強的祕密揭露」，一般會設想一些案例，例如：指出埋藏在深山裡的屍體所在位置，或是指出丟棄在河裡的凶器的丟棄位置，但要是已經對搜索有所預測時，則另當別論。

例如，☆**靜岡・幸浦一家四口殺害事件**（一九四八年）中，基於犯罪嫌疑人的陳述，在海邊的沙灘上發現屍體，但最終還是判無罪。這事件如下述：

在靜岡縣磐田郡幸浦（現在的袋井市）靠近海岸的地方經營糖果屋的一戶人家，連同嬰兒在內一家四口突然消失不見了。事發兩個半月後，警察逮捕了當地的兩位年輕人，偵訊後取得自白，發現埋在沙灘被勒死的四具屍體。

又依據兩人的供述，另一名中年男性泥水匠被當成共犯而遭到逮捕，三人皆被控犯下滅門血案，檢察官以強盜殺人罪起訴三人。審判時，一審二審皆判決三人死刑，然而最高法院以有重大的事實誤認為由，發回更審，最後更審判決無罪。

在這個事件中，在通往海邊的道路上有遺落嬰兒的衣物，搜索範圍自然就被限縮了。再加上，發現屍體的過程有其特殊之處，一開始依照犯罪嫌疑人的自白搜索時並沒有發現，後來重新再搜索時才在海邊的沙灘中發現屍體。

在這種情形下，「強的祕密揭露」會轉爲「弱的祕密揭露」。

僞裝的祕密揭露

以上問題是在不能否定偵查者有可能動過手腳的層次裡探討。事態層級進一步升級的話，還有「僞裝的祕密揭露」。

所謂僞裝的祕密揭露，即經由辯護方的舉證而得知偵查者動過手腳的情況。

本來，僞裝的祕密揭露若經辯護方舉證證實，當然就不是祕密揭露，什麼效果都不具備。我們甚至可以說，藉由證實偵查者動過手腳，將得以產生推定整個偵查都是不當偵查的作用。從而，此時犯罪之舉證已經出現重大的崩壞。這已不是奢言要減少冤罪性的層次，而是冤罪性增加的局面。

相對地，先前所述是即使無法證明有動過手腳，證據的效用也會大打折扣的情形。

所謂「弱的祕密揭露」即是僅具有這樣內涵的證據。

關於以祕密揭露來減少冤罪性，不僅是邏輯推演上的證明力，實際上的觀點（偵查者動手腳的空間）也會成爲問題。之所以如此，正是涉及到自白的本質。所謂自白，本來就是或多或少在強迫之下，非自願性的供述（「自白命題」）。既然如此，爲了減少冤罪性，必須要有一明確的根據得以認定某人陳述屬實，即便該陳述是某人非自願性所爲，亦不受影響。到此爲止已詳述如前。

從反面而言，當我們在考量自白的證據價值的時候，重要的是能否確保偵查者動手腳的機會不高。

這點有被確保的，是「強的祕密揭露」。而沒有被確保的，則是「弱的祕密揭露」。然後，根本談不上確保與否，現實上就已經得知偵查者有動手腳的，則是「僞裝的祕密揭露」。

何謂虛僞自白

所謂的虛僞自白，是個有點詭異的詞。這句話可以說是以雙重否定的方式，指出

「我自己就是犯人」這樣的自白內容是虛僞的。亦即，這個詞彙表示著自白不具有作爲自白本身的意義。或許，將這句話理解爲假犯人（即冤罪者）所爲的自白，比較容易。

稍早之前，本書才提出了所謂第一級冤罪這樣的分類。如前所述，這些是重罪事件裡頭的冤罪，而如我們所見到的一般冤罪者多半被迫自白，這類事件當中也是如此。從而，這些都會變成是所謂的虛僞自白。

在此產生了這樣的嘗試：藉由發現自白是否是虛僞的，來看穿事件是否是冤罪。到此爲止，不時引用的小田中聰樹《冤罪是這樣被製造出來的》一書中，作者將虛僞自白定位爲「誤判的開始」，然後一再地討論要如何才能發現虛僞自白。然後，在「爲何不能發現虛僞自白」的標題下主張，「誤判幾乎都是起因於法官相信虛僞的自白」。此外，在供述心理學的領域中，也有非常多關於虛僞自白的研究（代表著作爲浜田寿美男，《自白心理學》〔自白の心理学〕，岩波新書）。

在此，本書要從公民審判論的出發點，對上述這些嘗試提出質疑。然後，對自白提出與上開見解相異的另類思考方式。

首先，我們從虛僞自白的代表案例，亦即（通稱）大森勸銀事件與（類似的）冰見事件這兩個案例爲出發點。

前者發生在日本高度經濟成長期的尾聲，任職於大型城市銀行的行員於夜班留守中被強盜殺害的強盜殺人事件。此案中，不只是自白，被告還有其他非常怪異的言行。

後者則是本世紀初發生在地方市鎮的連續性侵冤罪事件，這起事件不只在偵查階段，在法庭中也有自白。但是無論哪一件，後來都被發現是冤罪。

虛偽自白的混亂

大森勸銀事件的正式名稱是☆**日本勸業銀行大森分行夜班人員強盜殺害事件**（一九七〇年），案情如下：

於日本勸業銀行（現在的瑞穗銀行）大森分行深夜值夜班的行員被殺害，金庫室四周被翻得亂七八糟。夜班行員的脖子被電線（營業用吸塵器的電線）纏了三圈。手腳及胸部都被刀刃割傷。死因則是電線纏繞所造成的窒息。

被害人是作家山本周五郎的外甥，也是個菁英行員，當天是公司員工旅遊日，被害人一人值夜班的時候被殺害。勸銀大森分行有四十八名行員，案發前一天，搭乘員工旅遊包下的巴士前往伊豆，並在當地住一晚。隔天，回到銀行前面，同事想要把土產交給留守的被害人時，發現他在分行內穿著睡衣，死狀怪異。

警察另案逮捕了一個有竊盜及詐欺前科的無業年輕人。偵訊的結果，這名年輕人自白強盜殺人。

他自白說，爲了偷東西而潛入勸銀大森分行，被值夜班的行員發現，於是相互扭打，然後就用電線勒住行員的脖子將他殺害。

在偵訊之前，這位年輕人曾在事發隔天告訴朋友，「知道大森的銀行事件嗎？那就是老子幹的。」「我用吸塵器的電線勒住行員脖子。只可惜金庫上鎖打不開，沒得手。」再隔一天，這位年輕人與借他錢的朋友聯絡，說：「現在正被警察追緝，欠錢晚點再還。」之後從別的朋友那邊拿到來福槍後，就銷聲匿跡了。

之後又過了一週，他在新潟的老家現身之際即被逮捕，警察來逮捕之前，他還向母親及兄姊暗示自己犯下該案。因爲這個年輕人攜帶來福槍，所以馬上就被發布通緝，在關東一帶布下嚴密的警網。他經過多次換車，才突破封鎖回到老家。

被逮捕後，他還寄了兩封道歉信函給被害人的父親，並送了線香過去。

審判中，一審認定有罪，判處無期徒刑，二審則以被告的供述是虛僞自白爲由，判決無罪，最高法院最終判決無罪定讞。

宣告無罪的二審判決分析道，這個年輕人只不過是爲了虛張聲勢或是虛榮心作祟，才作出那些似是而非的言行。基於年輕人常有的半開玩笑心態，對朋友說自己是大案的犯人，之後又因爲來福槍竊盜案實際被警察追捕，就對親人隨便亂說一通。

那麼大森勸銀事件究竟是誰做的呢？在這個事件中，金庫四周被弄得亂七八糟，但所謂被告與被害人扭打的現場卻很整齊，與發生扭打的說法不吻合。

我們也可以推測值夜班的行員有可能實際上是被數名犯人壓制後殺害的。宣示無罪的二審判決中即如此暗示（東京高等法院昭和五三年十月三十日判決）。

無論如何，要看穿是否爲虛僞自白是困難至極的。由於其判斷基準模糊，可知其結果將取決於裁判者的主觀，而明顯地欠缺安定性。

真偽不明是自白的宿命

還有一個是☆富山・冰見連續婦女性侵冤罪事件（二〇〇二年，通稱冰見事件），案情如下：

冰見市連續發生兩起男性白天侵入民宅性侵少女的事件。第二次事件案發後兩個月，警察對一名男性計程車司機進行任意（譯按：即受偵訊者之同意下）偵訊，在這名男子坦承犯罪下，便以連續性侵婦女的罪嫌加以逮捕。

計程車司機被起訴後，可能是已經對日本司法程序感到絕望，在審判中也坦承犯罪，一審被判三年有期徒刑，就這樣被當成受刑人入監服刑，並且也期滿出獄。不過，之後另案被偵訊的一位男性，卻自承自己才是眞犯人。計程車司機再審被判無罪。

這個事件中最重要的特徵在於，冤罪者即使在審判中也從頭到尾承認犯罪。而且，就連犯罪發生的經過、被害少女家中的「格局配置關係」（計程車司機理應沒去過）也說得出來。

偵查過程的不當就無庸多說了，在此要強調的不是這個，而是，即使說要「看穿虛僞自白」，但要達成此事有多麼困難。

我們不是要對「看穿虛僞自白」感到亢奮，毋寧說應該關注無法看穿的虛僞自白。總之，無論如何，冤罪性終究無法完全去除。我們必須正視這個宿命，想辦法如何加以克服。

自白的自相矛盾

二〇一一年因再審判決無罪，而成爲話題的事件，就是☆布川事件（一九六七）。

第一章也提到過該事件，這個事件詳情如下：

位於利根川流域的茨城縣北相馬郡利根町的布川，一名獨居的中年男性在居住的破屋裡被殺害，之後被來訪的友人發現。男性的脖子纏著內衣，死因是被絞勒窒息而死。陳屍的現場地板被掀起，榻榻米掉落下去。

有目擊情報指出，附近有看到兩個可疑的人。警察因此以另案逮捕了當地兩個年輕人，偵訊的結果，兩人自白強盜殺人。在這個事件中，被害人家中雖然採集到多枚指紋，但跟兩人的指紋都不吻合。此外，雖然也採集到多根毛髮，但當中並沒有這兩個人的毛髮。

檢察官起訴書狀內指出，當地兩個手頭不方便的年輕人，在距離事發地點最近的車站附近巧遇，談及怎麼籌錢，決定去跟被害人借錢，到了被害人住處要錢卻遭到拒絕，於是起意強盜殺人。

審判中，兩人雖然主張是被強迫自白，結果從一審到最高法院都判無期徒刑。

這個事件中，幾乎沒有指向有罪的客觀證據。此事件的特徵就是，明明幾乎沒有客觀證據，但是從一審到最高法院都依據自白斷定有罪。

舉例而言，最高法院判決中認定「被告兩人完整而具體且前後一貫地陳述一件如果不是親身體驗就不可能陳述的事情」、「自白具有高度真實性且內容詳細」、「一接受本件的偵訊就早早自白犯罪」、「被告接受偵訊開始沒多久就自白了，這可以推定自白具有任意性」、「自白的信用性或眞實性都不容懷疑」。

發現這些認定是錯誤的，已經是四十四年後的事情了。

這個案件如實地訴說著，縱使存在一份乍看之下好像是眞實的自白，僅憑此驟下結論會有什麼問題。雖然從邏輯上來說，如果自白爲眞，就可以說他是犯人，不過這個邏輯推論難免會成爲循環論證。只憑自白本身去判斷自白是眞是假，從方法論上來看，總是會帶有自相矛盾的危險。此外，這是立基於「（只有）我能看穿自白的眞假」這個大前提上，一種極度權力傲慢的做法。

公民審判的自白論

小田中氏在前揭著作及其供述心理學的虛僞自白研究中，所抱持的基本態度與價值觀，都與裁判布川事件的最高法院有相通之處。

「自己可以看穿虛僞自白」這個基本前提是相同的。因此，也含有相同的危險性。依照這樣的想法必然會導致：如果在專注判斷後，認爲自白並非虛僞，那麼自白的人就必定是犯人。依照本書的立場而言，這種想法不但危險，方法論上也已經證明是失敗的。

就公民審判的理論而言，並非要去細究自白是否虛僞，而是要將焦點放在有無揭露祕密。如果連「弱的祕密揭露」都沒有的時候，就應該要斷然捨棄這個自白。如果不這樣的話，冤罪性（類型化的冤罪成因）永遠無法解決。

有祕密揭露的自白，可以作爲有罪的證據，另一方面，沒有祕密揭露的自白，就不應作爲有罪的證據。使用沒有祕密揭露的自白，冤罪性（類型化的冤罪成因）完全不會減少。

然而，到目前爲止職業法官的想法是，即使是沒有祕密揭露的自白，還是留有進一步檢討自白是否虛僞以斷定其爲犯人的空間。小田中氏在前揭著作及其供述心理學的虛僞自白研究中，也是立基於相同的立論基礎。

這兩者都不是公民審判論所應採取的方式。

第九章

冤罪線索六——當犯人的熟人、朋友被當成是共犯的時候

八海事件與《暗無天日》

今井正導演的電影《暗無天日》是以「共犯冤罪案件」爲題材的寫實電影。由於電影拍攝之際，這個眞實案件尙在三審上訴中，對此最高法院也對今井正導演及電影製作人表達不滿，甚至向「電影倫理委員會」提出警告。由於爭議性高，幾家大電影公司都不願意上院線，電影只能以在各地巡迴播放的方式上映。雖是如此，這部電影以具有高度社會性的主題以及問題意識，漸次獲取輿論的好評，最後竟囊括了當年主要的電影獎項。

電影的原型即是第七章曾提到的八海事件。這個事件是在日本山口縣東部一個名爲八海的農村中，富裕的老夫婦遭到殺害的事件。

遇害的夫婦中，丈夫被亂刀砍殺，死於棉被中，而妻子則是被吊死在門楣上。由於財物遭到奪取，警方一口咬定是僞裝成相偕自殺的他殺案件，於是以強盜殺害夫婦立案偵查。而警方也認爲，從現場僞裝成妻子吊死在門楣上的角度研判，應該有複數行爲人犯案。

首先，警方認定住在案發現場附近的年輕人A是犯人。A身上沾有被害人的血跡，同時也找到了凶器。根據A自白的內容，當初是自己一個人犯案，但警方在追查共犯關係後，將A以及玩伴B與其他三人一起列入共犯名單內。A的供述也變成：五人一起侵入被害人的住處，交互攻擊、殺害這對老夫婦，並奪取財物。因此，五人全都被起訴。

那法院又是怎麼認定的呢？法院認爲承認犯罪並供出共犯的A具有「反省之情狀」，可免於一死，判處無期徒刑。至於被A供出的B，雖然他抗辯本件犯行與自己無關，自己是被冤枉的，不過被法院認定是主犯，無論一審或二審都判處死刑（其他三名被告也都是有罪判決）。

被判死刑的B上訴到最高法院。最高法院採認B的抗辯，認爲整起事件可能是一人犯案，於是將原判決撤銷發回更審。負責更審的廣島高等法院作出了無罪判決。

但是，整起事件還沒有結束。

這次換成是檢察官提起上訴。案件又來到了最高法院。最高法院這次改爲支持檢方的看法，將原判決撤銷發回廣島高等法院。廣島高等法院更二審之際又再次判處死刑。

B再次上訴。這次最高法院又變更了見解，撤銷廣島高等法院更二審的死刑判決。是該說壞事不過三吧？這次最高法院不發回更審，而是自爲無罪判決。（最高法院並沒有將判決發回下級審更審，而是自己以判決作出結論。自爲判決在作爲法律審的最高法院是非常少見的。）此外，除了A以外的三名被告也是無罪。

結果，B在十七年之間，收到三個死刑判決和兩個無罪判決。而判處無期徒刑定讞的A，老早就自白自己是一人犯案。

社會寫實派的知名導演今井正，在電影《暗無天日》中描繪了律師團細緻的反證主張，凸顯了辯方的活躍，以及法院不願認同辯方反證的頑固姿態。同時電影也描述了法官們被優柔寡斷、供詞反覆的A牽著鼻子走的模樣。

梅田事件和《模仿犯》

宮部美幸的小說《模仿犯》當中也提及與共犯有關的冤罪案件。小說中登場的是主角和平（peace）嚮往的連續強盜殺人案件主嫌的故事。這起事件是被稱爲☆**梅田事件**（一九五〇至五一）的冤案。

梅田事件是連續強盜殺人和「第三共犯」交錯而生的共犯冤罪事件。北海道接連發生兩件營林署公務員挾著公款失蹤的事件，一開始，警方以公務員侵占公款逃亡作爲偵查的方向。但是當發現其中一名失蹤者的屍體，且研判係他殺之後，警方開始懷疑這兩起事件可能都是公務員遭強盜殺害的案子。關於查獲屍體的部分，警方逮捕了H跟S兩名犯罪嫌疑人，H跟S也承認與犯行有直接關連。甚至，H也坦承另一起案件是自己所為，而根據該自白，也找到了另一個公務員的屍體。

然而，被視為主犯的H卻供出共同參與第二件殺人案件的不是S，而是一位叫梅田的人（在此稱之為「第三共犯」）。H跟梅田是在從軍時認識的點頭之交。

法院判處H死刑，S、梅田則被判處無期徒刑。

雖然梅田在獄中不斷主張自己是冤枉的，但H稱「梅田也是共犯者」的供述，到執行死刑前都沒有變更。而另一位S則在假釋後就死亡了。

而這位梅田在逮捕後經歷三十四年，才經由再審確認其為無罪。

在《模仿犯》這部小說中，主角憧憬的是這位自己接受死刑執行，而又指稱無辜的梅田是共犯的H。小說的內容是這樣的：

「聽我說一下吧。之前是真的有這樣的事件的。大概是在昭和二〇年代的時候吧。叫做『梅田事件』，是到現在仍非常有名的冤罪事件呢。」

……（中間省略）……

「有個男的，名字叫什麼來著？唉呀我忘了。是好幾起搶奪金錢又殺人的事件主謀。然後他被逮了。不管如何，犯下如此窮凶惡極的罪行，被判死刑也是可以預見的吧。那個男的啊……想說反正也逃不過死刑了，不如把某個人也一起拉進來好了。之後，就扯謊說實際下手殺人的是他認識的一個人，叫梅田。」

「這種虛僞的自白，警察也相信嗎？」

「相信喔。根據眞凶的虛僞自白，那個無辜的第三者梅田就被逮捕了，還受到嚴厲的偵訊……法院也判有罪呢。」

「眞凶後來怎樣了呢？」

「死刑……他到了最後，直到上絞刑台前的最後一刻，都還理直氣壯地持續主張梅田是共犯……」

……（中間省略）……

「眞凶讓梅田見識到完美無瑕的『惡』的形態呢。是吧？」

……（中間省略）……

和平很開心的樣子，啊，不，應該說是很驕傲的樣子。

「眞正的惡，就是這樣。根本連理由都沒有。因此，對於被這種惡所襲擊的被害者——在這裡就是可憐的梅田——我們根本無法了解爲什麼他會遭受如此悲慘的境遇。同時也無法接受。就算問了到底爲什麼會這樣，也無法得到答案……這就是貨眞價實的『惡』吧。」

（《模仿犯（三）》，宮部美幸著，新潮文庫，一七四至一七八頁）

全部冤罪和部分冤罪

本書在此要談的問題是，當犯人、犯罪行爲皆存在的前提下，在事件外圍無辜的第三人被捲入到案件的危險性。

從偵查者的角度來看，雖逮捕到了眞凶，案件本身也獲得大致的輪廓，但是會面臨到底有無存在其他共犯的局面。從審判者的角度來看，問題便在於這多出來的部分（共犯）是否爲冤案。

當然，在涉及共犯是否爲冤案的實際案例中，也會出現所有犯人皆是冤案的情形。像是前一章所提到的布川事件：茨城縣南部的鄉下一名獨自居住的中年男性在簡陋的房舍中被勒斃的事件，當地兩名年輕人被認定是犯罪行爲人，但他們都是被冤枉的。於二〇一一年再審程序中獲判無罪。在這樣的情況下，完全沒有正確抓到犯人，案情也完全沒有獲得釐清。

與上述類型不同的是剛才提到的八海事件、梅田事件。這些案件都找到眞正的犯人，也成功釐清了部分的犯罪事實。這種情形，或許不能稱爲全部冤罪，而是部分冤罪。

一般說到與共犯有關的冤罪，指的是後者（部分冤罪）。那是因爲前者與發生兩個冤罪無異，其中多數問題還是會回到一人犯案的冤罪類型來討論。因此，通常提到共犯冤罪時，指的是部分冤罪。

本書以下也專以「部分冤罪」爲檢討對象。

共犯是最重要的目擊者

那麼，若試著以「C＆P圖」套用在屬於部分冤罪類型的八海事件、梅田事件上，會有什麼結果呢？

犯人只說了「○○也是共犯」，我們或許會認爲這和任何一個W都沒有直接的關係。但在實際的審判中，情況卻完全相反，甚至可以說所有的W都可以直接加以證明。其理由在於，共犯的供述被當成目擊證言來處理。

仔細想想，「我和○○一起進行犯罪」這樣的供述，就是在陳述所目擊的狀況。再者，在法律的世界中，並不存在「共犯不可能成爲目擊者」這樣的道理。

當然，共犯之間帶有特別的利害關係。但是目擊者通常也包含與被告有利害關係之人，因此，並不能單憑這點就認定共犯供述不能當成目擊證言。目擊證人本來就不僅限於沒有利害關係的中立第三人才能成立。

從結果來看，該供述（供述證據）在法律上的性質，和目擊證言應該爲相同的處理。暫先不論供述的動機、意圖或是其眞意爲何，從證據的性質來看，不得不作出這樣的結論。

也就是說，共犯其實是從頭到尾目睹犯行的目擊者。同時，也是近距離看著犯人的目擊者。和那種只瞥見一眼的目擊證人不同，共犯是難以想像會認錯人的目擊者。

正因如此，在八海事件或梅田事件中，犯人的熟人或朋友就這樣被判處死刑或無期徒刑。

前面提到，在小說《模仿犯》裡有著「不如把某個人也一起拉進來而作出虛僞的自白」、「警察相信了虛僞自白」、「法院也判決有罪」等語，彷彿與自白的問題有關，不過這樣的理解並不正確，正因爲共犯供述等同於目擊證言，才導致了這樣的結果（關於犯人本身行爲的供述是自白，但關於共犯行爲的部分則是證言）。

共犯供述的陷阱

追根究柢，共犯供述的問題在於：雖然實際上共犯供述的動機、意圖及心中眞意等存有諸多令人質疑的地方，卻可以憑此直接證明六個W的存在。

最有可能想到的不純動機，應是爲了試圖減輕自己的罪刑，而羅織出不存在的主嫌。可以想見，共犯所盤算的是藉此讓自己得以脫免重刑（特別是死刑）。而八海事件就是屬於這種模式。

此類不純的動機，在檢警採信有多數人犯案的說法時，特別容易成爲問題。與檢警的想法串連在一起，便提高了共犯冤罪的危險性。

接著要探討的是，當眞凶是自己的親人時，爲了要包庇親人而誣陷他人爲共犯的情況。由於是爲了要包庇親人，因此未必會誣陷他人爲主嫌。梅田事件就是屬於這種類型。在梅田事件無罪確定的再審判決中，就H的供述，判決認定「無法排除是爲了包庇親人而供出無關係之人的可能性」（釧路地裁昭和六一年八月二七日判決）。

其他還有指出像是爲了報復仇人而羅織罪名的情形。雖然實際上尚未出現爲了復仇而誣陷對方是共犯的冤罪事件，但的確有發生上述兩原因相結合的可能性。

以上是共犯供述帶有不純動機的諸種類型。換言之，這些類型無非就是共犯冤罪風險的具體內容。

古典的共犯冤罪性質

以上是針對共犯冤罪的證據結構以及眞凶心理層面的分析。此外，第七章也提及偵查者這邊的影響因素。

然而，共犯冤罪的問題並沒有因而結束。毋寧說，關鍵性的問題由此展開。這是因爲，像是八海事件和梅田事件那樣的冤罪模式，其實有著落伍、跟不上時代的地方。

這兩個事件都是把一些單純認識被告、理應與犯罪毫無關連的人當成殺人行爲的共犯。在法治國家中，這種認定可以輕易地就維持到三審定讞，實在是嚴重的問題。

本來，如果只是單純認識被告、理應與犯罪毫無關連的話，理論上應該找不到他從事犯罪的客觀證據（或是客觀上的跡證）。因此，如果某人確實做了犯罪行爲，而被懷疑是共犯的人也確實和犯罪沒關係的話，現場應該只會找到眞凶犯罪的跡證。不管眞正的犯人有多少不純正的動機，甚至說了「○○也和我一起犯下此案」，法院理應不會輕易地就這麼認定才是。

八海事件、梅田事件其實具有特殊的時代背景。那個時代仍處於戰後復興期，警察在人力、物力的限制下，無法充分地進行犯罪偵查。當然，ＤＮＡ鑑定等技術在當時根本連個影子都沒有。可以說是不得不仰賴相關人士的供述證據來舉證犯罪成立的年代。因此，發生共犯冤罪的可能性也相對較高。

如果是以現在犯罪偵查的水準來辦案，在八海事件中，把犯罪現場蒐集的身體組織（如皮膚碎屑、毛髮等）拿去做ＤＮＡ鑑定，就可以發現只找到眞凶Ａ犯罪的客觀跡證，那麼「共犯有五人」的說法應該早早就被揚棄了吧！梅田事件也應該可以找到眞凶Ｈ的親人（眞正的共犯）的客觀跡證。

爲八海事件作出最終結論的最高法院在宣示判決時，審判長發表了下列的談話：「雖然本案發生在新憲法之下邁向科學偵查時代的過渡期當中，但如果能再多習慣科學辦案一點，或許就不會造成這種事情了吧。」

因此，上面所述可謂古典的冤罪論，並不能彰顯出當代的共犯冤罪性質。當代社會中共犯冤罪的重點另在他處。

那麼，重點究竟在哪裡呢？

關於共犯冤罪的問題，本書將舉一個可清楚看出從古典的冤罪性轉變到當代冤罪性的案例。

「男人的責任」——所謂「共犯冤罪性」是什麼?

一九八〇年代發生一起橫跨富山縣及長野縣的連續誘拐殺害女性事件，又被稱爲富山・長野連續誘殺事件。

事件一開始，富山縣一名女高中生外出後沒有返家，家裡的人接到一通女生聲音的電話，說：「你女兒在我這裡。我想跟你談一談。」但之後沒有再聯絡，女高中生也沒有任何消息。

十日後，這次發生在長野縣，一名在信用金庫工作的女性職員，下班後並沒有返家，而她家裡接到一通女生聲音的電話，要求三千萬贖金。被害者家屬雖然前往電話指定的付款地點，但犯人並沒有現身，從此沒有任何的消息。

這兩位下落不明的女性，後來都找到她們被掐窒息而亡的屍體。這兩起殺人事件，是一位三十歲左右、經營禮品店的女子所犯下的，而該名女子也被判處死刑定讞。

這兩個事件中，兩位女性被害人失蹤的地點附近（富山車站、長野車站），都有人目擊到有位「開著紅色 FAIRLADY Z（日產Z系列）戴著蜻蜓眼鏡的女子」。在一開始的富山誘拐事件中，犯人先是問被害的女高中生說：「要不要來打工？」再載她回自己店裡，之後當被害者說出「我要回去了」，便下手將其殺害。而在下一起長野誘拐事件中，犯人邀請該名女性信用金庫職員一起兜風，沒多久便將之殺害，並打電話要求其家人支付贖金。

犯罪動機據稱是因借錢買 FAIRLADY Z 無法還債所引發的。

在這個事件中，有一位被當作共犯的男子。這名與女性凶嫌有戀情的二十歲左右男子，是禮品店的共同經營者。在一開始的富山事件中，也有關於男性參與者的目擊證言。根據當地餐廳店員的說法，在店裡曾看到女性凶嫌、看似被害者的年輕女子及該名男子在一起。

其次的長野事件中，該名男子前後六天左右的時間裡都和凶嫌一起行動。當凶嫌事先勘查犯罪現場時，該名男子負責開車；當凶嫌打電話跟被害人家屬要求贖金時則在身旁陪同；凶嫌前往收取贖金的指定地點時，男子也跟著一起去了。而當該名男子察覺出警方可能在附近時，就和凶嫌一起逃離領贖金的現場。

檢方以共犯起訴這名二十歲左右的男子。同時，認爲「男的主導犯行，女的是聽從他的指揮」，斷定該名男子是主嫌。這兩起事件，檢方皆認爲最關鍵的殺人行爲都是由該名男子所爲，而所憑的正是女性凶嫌的供述證據。

法院審理時，該名男子主張自己是被冤枉的。他抗辯「整起事件都是該名女子一人所爲，自己完完全全沒有參與」。該名男子雖然在偵查中就自白犯罪，但就這個部分他表示是因爲偵查人員要他「負起男人的責任」，所以就算實際上不是他做的，也得承擔起責任。

隨著審判的進行，發現了令人意外的事實。

審理中逐漸浮現的是男生被那位三十歲左右較爲年長的女子牽著鼻子走的圖像。例如，兩人之間的情侶關係總是由女子主導，儘管男子已有家庭卻仍被迫與女子過半同居生活等。同時，法院也發現在富山事件中被害人遭殺害之際，該名男子正在自己的家中，而長野事件中被害人遭殺害之際，男子則是在旅館裡看電視。

由於事實至爲明顯，所以很難認定該名男子下手實行殺人行爲。檢方的犯罪事實構圖也就崩解了。

然而，就算如此，檢方仍認爲「男子依舊應該要負起共犯者的責任」。這又是爲什麼呢？那是因爲，就算誘拐、勒贖、殺人、遺棄屍體等全都是由該名女子所爲，男子身爲共謀共同正犯，是無法脫免於所有的刑事責任的。

在此，共犯的冤罪性質發生轉換，亦即，從古典的冤罪性轉換到當代的冤罪性。

當代共犯冤罪性的真實面貌

在上述過程中，該名男子有共同下手實行殺人的嫌疑，但是透過他的不在場證明，查明上述認定有錯誤。到這裡爲止，仍屬於古典的共犯冤罪性的範疇。八海事件或梅田事件的整體經過也都大致相同。

但是，至此還無法得出冤罪結論的原因，是因爲接下來就轉換成當代的冤罪性。我們可以從檢方仍以「既然有共謀，那麼仍然成立共犯」爲由，要求法院將該名男子定罪的立場看見這一點。

檢方的立論基本上是正確的。日本的法院實務，如同富山・長野連續誘拐殺人事件中檢方所主張的立場一樣，確立了如下的想法：

在共謀的情況下，就算本身沒有下手實行殺人行爲，跟實行者一樣要負擔相同的罪名。這稱爲「共謀共同正犯」。

數人共同實行犯罪行爲稱爲「共同」正犯，但爲了要能說得上是一起進行犯罪行爲，共謀（共同謀議）是必要的（這是因爲要和單純的同時犯做區別）。而這也正是共同正犯的本質所在。數人共同謀議，且全體一起實行殺人行爲的情況下，當然是共同正犯（實行共同正犯）；數人共同謀議，而僅有部分行爲人下手實行殺人行爲的情形中，既然彼此間有共同謀議，所有的人還是會成爲共同正犯。亦即，只參與共謀的人也會被論以殺人罪（共謀共同正犯）。就算沒有實際上實行殺人行爲，還是會得出殺人犯（正犯）的結論（共謀共同正犯）。而如果被認爲在共謀的過程中居於主導地位的話，就算沒有分擔任何犯罪之實行，也會成爲主謀。因爲在這種情況下，共謀乃其處罰的核心本質。

其理念在於，將嚴厲的處罰加諸於沒有親自下手而在背後操縱實行者的人。一言以蔽之，是爲了要處罰隱身在幕後的人。

共謀共同正犯此種想法，是先進國家所沒有的特殊概念，爲日本特有的法理（譯按：台灣刑法亦有此概念）。其他國家對於相當於共謀共同正犯的共謀者，會論以教唆犯或幫助犯，而與實行正犯進行徹底的區別。也因此，難以形成「共謀者＝主犯」的結構。

反觀日本的特色是，沒有分擔任何犯罪行爲之實行的共謀者，其刑度也可以到極端的死刑。結果也有可能只有一人也可以被判死刑。

另一方面，這也是共犯冤罪問題的黑暗面。

我們會看到死刑犯喊冤的內容常常是：「我什麼都沒做卻被判了死刑」、「我沒在犯罪現場卻被判了死刑」，這一點無非意味著人們對「共謀共同正犯」與其他概念之間難以協調、不相容的疑問。

「共謀共同正犯」概念的歸宿

共謀共同正犯是就算沒有分擔任何犯罪之實行，只要有參與共謀就會被論罪。而這必然會導致下述的事情發生。

被認定有共犯嫌疑的人會主張「我什麼都沒有做」，然而就算可以證明所言不虛，也無法免除其罪名。再者，舉出犯罪當時的不在場證明也是枉然。因爲在此問題是有無共謀而已。

另外也未必會要求客觀的證據以證明有無共謀。因爲有沒有「共謀」，是言語溝通的問題，要求用客觀證據來證明一事本身就沒有道理。

反過來說，要證明冤罪會變得非常困難。也可以說是共謀共同正犯這個概念本身就包含了冤罪性。當代的共犯冤罪性其實正是與共謀共同正犯此種特殊的法理互爲表裡。

先前提到的富山•長野連續誘殺事件，最後結局是一審判決認爲該名男子與誘拐或殺人無關，也認爲其沒有參與共謀。

判決認爲，由於該名女子的行動力及謊言，以致於讓該名男子輕忽而完全沒有察覺到是在進行擄人勒贖殺人這種極爲重大的犯罪行爲，而被捲入此件犯罪事件之中。而男子聽信了女子捏造的故事後，就這樣一起去了約定取贖的地點。

而就自白的過程，判決也認定該名男子是因爲聽了人家對他說「要負起男人的責任」等語所以才捱不過內心的煎熬（男子獲判無罪）。

但是檢方並沒有就此罷手，提出上訴，並在第二審中堅持主張該男子是共謀共同正犯。而二審也沒有改變男子無罪的結論。不過在整起事件中，暴露出共謀共同正犯這種想法的問題所在，也就是隱含著當代的共犯冤罪性。

如果說被女性耍著玩就可能被判死刑的話，身爲男人，死也會不甘心的吧。更何況有可能是絕對不允許發生的冤罪。

對黑幫老大「不利」的冤罪性

另一方面，關於共謀共同正犯的冤罪性，還有如下所述的類型。

在上世紀末兩千年的盛夏時分，富山縣高岡市發生了列管幫派（譯按：日文稱「指定暴力団」，係指符合〈暴力集團對策法〉所規定的要件並經政府機關所認定之幫派）K組的組長夫婦在自家遭射殺的事件（高岡・幫派組長夫婦射殺案件）。K組是以該地區爲地盤的幫派組織，被射殺的組長在當地掌握龐大的特權與利益，持有數億日幣的金融資產。

本案有數名幫派成員涉有嫌疑而被起訴，但被認爲是首謀者之一而求處死刑的K組副組長，最後卻獲判無罪。

在上述案件的偵查過程中，首先以下手實行殺人的嫌疑逮捕了兩名非屬K組的其他幫派成員，另根據兩人的供述也逮捕了K組的少主。這兩名下手殺人的嫌犯（實行者）供稱是K組的少主指示他們殺害該組組長夫婦，而殺人所用的槍枝也是少主所提供，報酬也是少主給他們的。被供出名字的少主雖然承認有指示該兩名嫌犯下手，但也供稱不單是自己想要謀反，副組長也謀劃要殺死組長。

檢方認爲這一定是副組長和少主事前共謀雇用殺手的謀殺事件，因此對副組長、少主及實行者A等三人求處死刑，而對把風的另一名實行者B求處無期徒刑。

在那個世界裡，「弑親」（意指殺死喝交杯酒建立「親子」關係的組長）是絕對不被允許、違背道義至極的事。就算沒有被警察抓到，也免不了被幫派組織上層制裁。這意味著，只有少主一個人應該是不可能下定決心實行的。

然而，法院對少主及A判處死刑，而對把風的B判處十八年有期徒刑，卻判副組長無罪。無罪的理由是少主的供述並不可信。副組長至案發爲止都擔任代理組長的職務，可以說是K組裡名副其實的第二把交椅。

這就算稱之爲冤罪，但也已脫離公民層次的冤罪性。

但是，日本法院實務迄今出現這樣的「幫派冤罪」並不在少數。例如，二〇〇六年大阪地方法院審理組員殺人未遂事件判處組長無罪；二〇〇九年岡山地方法院審理組員對前組員加以制裁的殺人事件中判處組長無罪等，判決不勝枚舉。

若用象徵性的詞彙來表現這種類型的話，一言以蔽之，可以稱之爲「幫派組長的冤罪性」吧。

前面出現「男人的責任」這種冤罪性，應是多數人（特別是同爲男性）都會義憤塡膺覺得絕對不應存在的冤罪性。但所謂「幫派組長的冤罪性」則是不論如何都很難理解的冤罪性。

共謀共同正犯包含了戀人關係、朋友關係所爲之犯罪，也包括了集團犯罪、組織犯罪等等各式各樣的犯罪型態。因此，所展現出的陰影部分，也就是冤罪性，也有形形色色不同的態樣。

法官的「嘆息之牆」

當代的共犯問題，追根究柢可以歸結到有無「共謀」這一點。可是要認定「共謀」靠的是無形言語的探求，因此我們原本就不可能總是要求有客觀證據來證明共謀。然而，共犯的陳述作爲一種供述證據，如前所示，要如何運用有其困難之處。亦即，審理上欠缺一項可以確認關鍵重點的適當證據。

至今在事實認定的領域中，事實上讓職業法官最感頭痛的問題也是這一點。

例如，於關西地區刑庭法官組成的研究會中，有一個名爲「大阪刑事實務研究會」這樣的組織。該會曾進行「事實認定的實證研究」，而第六次的研究主題便是「共謀的認定」。該次發表人高松地方法院上野智法官，有著下述的發言（判例タイムズ二五四號十六頁）：「若有適於認定共謀關係的狀況事實，將之井然有序地分類、整理，並且能以科學上的嚴格檢證判定其證據價值的話，那麼認定被告有罪時，法官良心上的苛責也會少一些，而且，也可以不用再無助地悲嘆沒有一項能夠終結無止境爭論的有力證據吧。但是在共謀的情況下，眞的存在著適於認定共謀關係的事實資料嗎？」

共犯冤罪的社會學

總之，要判斷相關人等是否有共謀的事實，由外部來看是非常模糊不清的，最終還是不得不仰賴審判者的評價。

那麼，有什麼線索可以輔助審判者作出評價呢？

首先可以想到的是，將共謀者之間的人際關係作為判斷材料。這樣的觀點意味著，要確認的不光是共犯者的陳述，還包括「所陳述的共謀關係是否具有客觀上的基礎」。

再者，如果是組織犯罪、集團犯罪的話，組織、集團內的地位（是否具有讓對方服從的上下關係），以及組織、集團團體本身的屬性（統治力或強制力的強弱）也會成為判斷上的線索。

例如在奧姆眞理教事件中，之所以對沒有實行殺人行爲的教主判處死刑，除了基於實行者及前信徒的供述證據，還考量了供述者和教主的關係，教團的屬性等（例如教主對信眾的思想控制行爲、教主作爲最上位者的統治屬性、組織性的命令指揮系統、教主在信眾不分晝夜的生活中具有的絕對性）才加以決定。

這些觀點，無非是對現實上的人際關係所做的評判，或者是對上述集團的一種社會觀感。

簡言之，就是「內部的人際關係到底如何？」或者是「社會大眾是怎麼看待該集團的呢？」這樣的想法。

如果從職業法官的感覺來看，這些東西不像是刑事裁判該納入判斷的內容，一方面無從發揮原本對證據認定的學養與評價證據的能力，另一方面反而會因爲缺乏社會經驗而不禁感嘆無能爲力。

然而，在今後的人民參與審判的制度下，情況應該會不一樣吧。如果說人民參與審判的法庭是「社會中的裁決場所」，那麼對「人際關係」或對「以人組成的團體」表示社會上的看法，並且將這種看法連結到成罪與否的論述中，就不會是令人搖頭嘆息的差事了。

再者，我們應該要求在今後新型態的審判中，以「人民觀點的冤罪性」這樣的觀點來整理並且重新評估各式各樣的冤罪性。我們也不妨重新思考關於「幫派組長的冤罪性」等的處理方式。關鍵在於各種冤罪性所帶有的（不同的）社會意義。

無論如何，「共謀共同正犯」概念以及其造成的共犯冤罪問題，可以說是道地的社會議題。筆者期待人民參與的法庭能夠發揮其作爲「社會中的裁決場所」的功能。

第十章

冤罪線索七——
如何看穿第三人證言的虛實？

證人與證言的種類

證言，在法律上，一般指的是陳述曾經體驗過的事實。在這個意義下，任何人都能成爲證人。換句話說，在法庭上就其體驗事項而作出陳述的人，除了被告以外，都是證人，其所陳述的都是證言。

因此，共犯的供述也都是證言，而這會產生我們在前一章已經看到的那些問題。

陳述者是被害人時，當然也是證人，陳述的內容當然也是證言。有關被害狀況（因犯人之行爲而受到侵害時的狀況）的供述就是一種目擊證言。而且，它一直以來都被認爲是最重要的目擊證言。（從以往到現在，這一點屢屢被體現在「被告的陳述與被害人的陳述，哪一個是比較可信的？」這個問題上，而在職業法官制度下，絕大多數的情形是被害人的陳述被認爲比較可信。）

此外，（在日本法制下）無論有多麼密切的利害關係的人，都能夠成爲證人。

驚人的「誤認率」

單純目擊者（無虛僞陳述之動機者）的證言，因爲是如實地陳述目擊的內容，所以當然是可信的。不過就算單純目擊者是可信的，當然也可能會有誤認的情形。

但是一直到最近，一般都認爲誤認的情形應該沒有很多。然而，近年來，我們已經清楚地看到推翻這個想法的事實。

在第二章也曾提到，隨著DNA鑑定的進展，從上個世紀末開始，在美國，標榜「重新發現無辜」的 Innocence Project 蓬勃發展中。針對在沒有DNA鑑定的時代受到有罪判決而正被拘禁的死刑犯，以DNA鑑定重新進行調查。結果，DNA型別不相符的案例不斷出現（因而獲釋的案例，到目前爲止已超過三百件）。

而在這個計畫的個別主題分析中，有研究報告指出，透過調查而發現的「重新發現無辜」的案例中，有目擊證言者高達百分之七十九（Garrett 報告書）。

這個百分比雖然不是目擊證言的「誤差率」（因爲我們不清楚維持有罪的案例中目擊證言的作用如何），但它明確地指出，目擊證言帶有很大的冤罪化效果。

從事審判的人應該都曾隱約感受到，目擊證言未必都是可信的。但是，誰也未曾想過它會有這麼大的冤罪化的負面效果吧。

在美國，由於這份報告的結論，對目擊者的「當面指認」與「照片指認」等偵查方法已有所改善。美國實施了幾項改革措施，諸如於初期確認作業時嚴格執行錄音與錄影，以及要求從事指認作業的偵查人員與進行偵訊的人員必須嚴格區分等。

但是，招致冤罪的錯誤既然有上述那樣的比例，就不會只是這樣做就能解決的問題（而日本甚至連上述改革都還沒有實施）。

我們可以不管 Innocence Project 所呈現出來的狀況，依然把目擊證言當作證據來使用嗎？不得不問，在此種情形下所宣告的有罪判決的意義何在？

在此，我們論述的範圍並不限於目擊證言，也將廣泛探討一般證言在審判中的相關問題。最後，將從權力論的觀點來談談證言在偵查中的問題。

受到污染的證人

前一章已經提到共犯供述的問題。

共犯供述的問題在於法律理論與實質之間的乖離。雖然在實質上，共犯供述會被高度懷疑其供述的動機、意圖或用意不單純，但是在法律上，卻仍然被當成目擊證言之一來處理。結果，共犯供述還是被勉強用來直接證明六個W的全部。

用一句話來說明這個問題的原因，就是共犯乃是被污染的證人。一般而言，共犯會被懷疑有剛才提到的動機不單純的問題，在證人資格（地位、立場、性質）這點上，可以說是受到污染的。

而這個問題也不只出現在共犯的情形。

舉例而言，同房者的證言容易被懷疑的點與共犯供述是相近的。所謂同房者的供述是指，同爲犯罪嫌疑人並同處一室之人，聽到嫌犯本人略微透露了犯行或相類的情形。這是相當可疑的事情。這種情形幾乎都是探查動靜的警察間諜活動的一環。在法庭中證述這些事情的同房者，通常會受到暫不起訴，或者就算被起訴也僅求處輕刑等特殊待遇。

最近的案例是發生在二〇〇四年福岡縣北九州市的殺人縱火案件。

獨居的初老男性的木造房舍竄出火苗，房屋全燬，男子死亡。燒死的遺體雖然呈現炭化狀態，但是心臟卻遭到刺穿。

死因確定後，警方隨即將本案列爲他殺縱火案件，開始進行偵查。由於死亡男性的親妹妹在事件發生隔天提領其兄長的存款五百萬元，再加上當時家人間也有些糾紛，警方因而懷疑這名妹妹涉嫌。警方以提領存款構成竊盜罪爲由，逮捕了妹妹並加以偵訊。

其丈夫也成為偵查對象，而這名丈夫因為承受不了偵訊的壓力而自殺。

雖然這名犯罪嫌疑人（妹妹）主張冤罪並持續否認犯行，但在事件經過七個月後，仍被當成犯人加以起訴。起訴與同房女性的證言有關。這名女性向偵訊人員表示，「犯罪嫌疑人曾向其坦承犯行」、「聽說是以小刀刺胸部與頸部」等，並在法庭上也陳述了同樣的證言。

陳述證言的女性為了從嫌犯身上刺探出事情經過而做了各種設計（譬如宣稱為心理測驗的遊戲等），另外，也在法庭外透露其與警察之間的交易等，故其證言的憑信性受到質疑。

法院將這一連串的過程視為在偵查中濫用人身自由拘束，而認定相關證言無法作為證據。這個事件於一審獲判無罪並判決確定。

這個情況下，因為證人並非陳述其直接目擊犯行，所以嚴格上來說，它的危險性與共犯供述有所差異（因為它並沒有直接證明六個W）。不過，兩者同屬會提高冤罪風險的類型。

一般而言，證人之中有的人會與被告有利害關係。但是不僅如此，不，正因如此，有必要釐清證人到底是屬於受污染證人或是未受污染證人這個實質問題。

無屍體的「無盡藏」殺人事件的奇妙證人

廣義的「污染」不限於惡質的僞證，也包含本來是善意，但不知不覺中變質的情況。譬如，沒辦法擺脫虛榮與面子，就算早已發覺自己對事實有所誤會，仍然繼續強辯的情況。這很容易發生在證人於法庭作證前，早已回應媒體的採訪，或者身爲偵查中重要證人，卻過度回應、過度干涉的時候。簡言之，這是起因於複雜情緒。

曾經發生過以下的事件。

以「無屍體殺人事件」而廣爲人知的事件中，有個發生在東京都內的古董藝術品商遭殺害的事件（一九二八年）（此事件通稱爲「無盡藏殺人事件」，在本書第一章曾稍提及）。

池袋的古董藝術品店「無盡藏」，老闆從某個時期開始就消失了，變成只有員工一個人負責經營。審判時，該員工被認定爲犯人，並被判處有罪（有期徒刑十三年）確定。該判決是以古董藝術品店的辦公室中曾有人流血（血跡反應），且店內經常只有老闆與員工二人等兩點，作爲判斷的依據；此外，該判決也審酌在古董藝術品店老闆消失後，員工賣掉藝術品並挪用店內的金錢等事實，而認定員工是犯人。

然而，在這個事件中有被害人仍然健在的證言。（檢察官主張）有幾名證人證稱，曾經在老闆被殺害的時間點之後，目擊到老闆。

如此一來，在員工是否爲犯人（犯人性）這個問題之前，先有疑問的是，被害人到底是否已經死亡（有長期不在、行蹤不明的可能性）。

但是法院皆未採納這些證言。這個事件不只被稱爲神祕的失蹤事件，也成爲社會上很大的話題。同年發生了三越百貨「僞祕寶展」騷動（東京日本橋三越百貨本店所舉辦的「古代波斯祕寶展」，其大部分的展出品被報導指爲贗品），而「無盡藏」被傳言牽涉其中。這個事件被認爲是百貨老店與黑暗勢力勾結的醜聞，從一開始就被媒體大幅地報導。

證稱目擊到老闆身影的證人們各依自己的想法表示，「路過時，店的鐵捲門是開著的，看到了被害人的身影」或是「在同業間的聯誼會上曾碰面」等。

其中有一位證人在法庭上表示：「在伊豆的伊東溫泉的旅館所舉辦的古董藝術品商『親睦會』席間，曾與被害人碰面，並且有『最近景氣如何』的對話。」這完全是在證述「目擊」。而訊問該證人，「那麼當時被害人穿著什麼樣的衣服？」證人回答：「上下都是白色的。」

這些證人都是辯方證人，他們的證言都有使案件朝無罪方向發展的作用，目擊的對象也並非被告，而是被害人。在這個意義下，雖然它不是提高冤罪性的證言，但與本章所要處理的問題之間具有鏡像關係，問題點是共通的。

何謂已知證人

至此，或許讀者會覺得偏離主題很多，但是如果可以思考此處偏離主題的意義，或許就能理解這裡所想要表達的意義。

我們沒有辦法對於證言內容的眞僞一概而論。因爲證言會因人、因時、因情況、因事件而有所不同。但是，證人的資格（地位、立場、性質）則另當別論。

也就是說，就算無法知道證言內容的眞僞，也可以從證人的資格來推定冤罪的危險。由此就有可能掌握類型化的冤罪成因。

其典型就是剛才看到的各種「污染」。亦即，不純動機或複雜情緒所導致的良心麻痺。此外，還有一個重要的要素。

那就是目擊證人是否已經知道被告這個人。目擊對象是否爲自己已知的人物，與目擊的正確性有很大的關係。在犯行現場看到平日就熟識的人時，幾乎不可能會誤認吧。

此外，就算不過是見過幾次面的程度，與第一次看到相比，誤認應該也會比較少。

審判實務中，與被告見過面的證人，被稱爲已知證人，而有所區別。

圍繞目擊證言的地殼變動

在前述 Innocence Project 中呈現出來的令人意外的結果是，非已知證人所作出的目擊證言，有其侷限性存在。並且，報告中暗示著這個侷限性遠遠超乎預期。

若將一般關於證言的冤罪性以「一、未受污染的證人；二、受污染的證人」、「A、已知證人；B、未知證人」等關聯圖式來思考時，舉例而言，強制性交事件的被害人，多數爲一B，其有未知性（初次見面）的問題。

共犯供述則是二A，有著受污染（不純動機）的問題。

結果是，我們應該要理解到，證人如果不是一A（未受污染的已知證人）的話，就稱不上是有力證人——其證言不會讓事態大幅朝有罪方向傾斜，也不會使事態的冤罪性減少。

這樣的思考方式，與一直以來的處理方式有相當的差異。此外，因爲可能會限縮審判的資料而讓判斷變得困難，所以在直覺上或許會令人感到奇怪。但是在前述的 Innocence Project 中，有關冤罪化效果既然已經呈現了不可動搖的客觀數據，那麼就不得不這麼做。我們應該理解到，圍繞著目擊證言的舞台已經有所改變了。

本來，Innocence Project 之所以成爲可能，是多虧有DNA鑑定。如同在第六章所見，DNA鑑定雖然有缺點，但是能以 Innocence Project 的方式來檢驗有罪／無罪，乃是DNA鑑定的偉大貢獻。在現代的科學哲學中有力的想法是，科學的進步是透過「可否證性」來保證的（卡爾•波普等的批判性理性主義），而在審判的世界中，卻沒有任何「可否證性」的檢驗方法。而因爲DNA鑑定的登場，審判的世界中才開始具備「可否證性」。

換言之，在DNA鑑定登場前，包含目擊證言在內，審判是盲目的。由此開始被迫覺醒，不過在此同時，因爲得到DNA鑑定這個在科學上高度客觀的證據，審判的情況有了劇烈的改變。過去，因爲沒有如此高度客觀的證據，而不得不仰賴極爲寶貴的目擊證言。

我們必須將 Innocence Project 視爲劃時代的分水嶺。

明明是「驚人的相似度」，但卻……

目擊證言對冤罪造成影響的古典案例爲☆**弘前大學醫學部教授夫人殺害事件**（一九四九年）。

在青森縣的弘前，弘前大學醫學部教授夫人於深夜遭到不知名歹徒侵入寢室以類似短刀的物品刺殺頸部而死。這個事件的被害人還很年輕（當時三十歲），又有著出色的美貌，所以雖然是單純殺人事件，卻被報導爲帶有獵奇色彩的事件。

事發不久，住在附近的二十五歲青年N被認爲是本案犯人而遭到逮捕、起訴。

審判時，一審的青森地方法院弘前支部作出無罪判決，不過二審卻宣判有期徒刑十五年，最高法院亦同，因此N有罪判決確定。

但是後來出現了自稱眞凶的人，而發現N是冤罪。自稱是眞凶的人出現的時間點，已經逾越殺人罪的追訴時效期間，當時N也已經服刑完畢（殺人罪的追訴時效於平成二二年廢止）。

回顧這個冤罪事件，其中存在著使人認定有罪的有力證據。

首先，關於客觀證據，從N的住宅中扣押到白色開襟襯衫，經送鑑定，上頭沾有被認爲是人血的血跡，而該血跡的血型與被害人的血型一致。這是三位法醫學專家得出的共通結論。其中有一個是當時被認爲是日本法醫學界最高權威的東大醫學部教授所作出的鑑定意見。這份鑑定意見認爲襯衫的血痕有百分之九十八．五的機率是被害人的血液。

此外，還有明確的目擊證言。被害人（教授夫人）與母親一起在寢室休息，母親看到了想要逃走的犯人的面孔，然後在指認時看見被告並表示「有驚人的相似度」。開啓再審的裁定提到，教授夫人的母親表示，「在指認時看到被告，覺得跟犯人像到令人吃驚的程度」、「與犯人非常相像」、「從右側看過去，側臉的輪廓完全一樣」、「頭髮有些打結而跑到前面」、「身體寬度與肩膀斜下來的地方也完全一樣，與犯人極爲相似」（仙台高等法院昭和五一年七月十三日裁定）。

而且，有精神鑑定認定N是「變態性慾者」，所以檢察官主張本件是「性慾變態者N從很早以前就看上了附近貌美的被害人，有計畫地斷然實行的獵奇犯行」，而在一審時向法院求處死刑。

那麼，這個事件的冤罪原因到底是什麼？目前還沒有完全明朗化。

再審時，宣判無罪的最終判決中寫著「襯衫上的血痕，在被扣押時與送交鑑定時，其顏色有明顯的差異」，暗示偵查人員僞造證據（仙台高等法院昭和五二年二月十五日判決）。不過，也有其他知名法律界相關人士認爲，原因並非僞造證據，而是鑑定錯

誤。（《刑事審判故事》〔刑事裁判ものがたり〕，渡部保夫著，潮出版）

不過，可以確定的是，目擊證言是錯誤的。被害人與被害人家屬當然不是污染證人。但是因爲他們對犯人有強烈憎恨的情緒，所以在目擊內容的正確性上，會被畫上很大的問號。

實驗心理學的見解

不只是被害人（或被害人家屬），重大事件的目擊者在目擊時，不免有驚愕、恐怖、嫌惡、憎恨等強烈心理上的波動。根據實驗心理學的見解，人在處於強烈的壓力下，記憶力與保持記憶的能力會降低。

此外，在槍械或刀類被當成凶器使用時，因爲目光會被這些凶器所吸引，所以對人物的記憶會變得模糊，此即所謂的「凶器注目效果」。再者，也有將只有在其他地方或照片上看到的人物，認定爲在犯行現場實際看到的人物的「無意識轉移」現象。

這些機制比較不容易發生在有過去的穩固記憶以供對照的已知證人身上。然而，對一般的目擊者而言，在「記憶——保存——想起」的過程中，或多或少會出現這些障礙。

因此，如果是與犯人初次見面的目擊者，除非有特別的情況，例如犯人的面貌特殊、有明顯的身體特徵，或者目擊者是在特別冷靜的狀況下與犯人接觸（剛好在目擊犯行前的一段時間中，在日常狀態下與犯人接觸）等等，否則要將其目擊的內容作爲有罪認定的重要依據，還是會有所猶豫的

目擊證言的評價會成爲問題，大多是發生在欠缺科學證據或客觀證據等其他有力證據的時候。也就是說，如果只有目擊證言的話，類型化的冤罪成因是不會減少的。能夠減少冤罪性的，應該只限於「未受污染的已知證人」與剛才所提到的存在特別情事的情況。

而共犯供述因爲有共謀者間的人際關係、組織內地位、組織或集團本身的特性等因素，所以只限於證人的「污染」被消除的情形，才可認爲冤罪性有所減低。

偵訊過程的全面透明化

關於自白、共犯供述、目擊證言的難題，也就是本書第八章至第十章所探討的各種問題，如果能實現偵訊過程的全面透明化（錄音、錄影），那麼應該可以在相當程度上有

所改善。

實質上，讓問題變得困難的原因在於，不曉得這些供述是在什麼樣的情況下，透過怎麼樣的偵訊過程所取得的。也就是說，問題是在於這些初期過程的黑箱化（被黑箱化）。目擊者在法庭上證述時，其內心早已不是一張白紙，而是在上述初期過程的影響下爲陳述。此外，就算被告在法庭上總算脫離偵查機關的壓力而開始主張自白是受到強制下所作成的，但是此時辯方要將偵查的實際過程如實且清楚地呈現出來，幾乎是件不可能的事情。

再者，談到偵訊的現狀，不管是自白還是目擊證言，都是以筆錄的方式來呈現。所謂筆錄，雖然是偵查人員作成的文書，不過它與單純的報告書（偵查報告書）有所不同，被稱爲供述紀錄書，是以如同本人親自書寫般的第一人稱告白體（「我做了○○」、「我看到了○○」）來寫成的。並且，在結尾處，會加註「如上所述無誤」的記載，並讓本人署名、捺印（指印）。

「具有簽名、捺印的第一人稱文書」這一點與本人親自作成的陳報書是相同的，但是此時以陳報書的方式來將本人陳述記錄爲文書，對於偵查方而言是不夠的。當然，這是因爲陳報書是本人完全按照自己的想法所作成的文書，而這對偵查方而言是個困擾。

審判中認識論的一個特徵，亦即其難題之一，爲隱蔽性與粉飾性（詳參第四章），而這與第八章至第十章所探討的問題（也就是供述證據的問題）有很大的關係。

隱蔽性與粉飾性是伴隨權力作用而來無法避免的現象。但是如果過度地隱蔽與粉飾，特別是妨礙到審判中的正確認識的話，那麼認識被妨礙的公民就只能發動對抗手段了。除了斷然地否定因此所得到的自白、共犯供述、目擊證言對偵查方的意義（作爲有罪證據的價值），別無他法。

最近，也可以看到偵查方在個案中有限度地回應了透明化要求的動向。不過在每一個案件中，究竟是以什麼樣的形式、透明化到何種程度，有著重大的意義。而這也關係到，我們可以往有罪的方向來思考供述證據到什麼樣的程度。（例如，供述本身明明是複雜微妙的，但是只被作成訊問筆錄而沒有任何透明化的努力的話，站在審判立場上的公民就可以無視這份訊問筆錄。如果透明化的程度不夠的話，可以只作相應程度的處理。）

這是在此時所必須具備的對於偵查的批判性觀點，也是在第七章中所提到認識論之權力論的結論之一。

終　章

公民要如何作出最終決斷？——冤罪的正義論

從冤罪認識論到正義論

本來，審判的認識論是要以「有＝有」、「無＝無」的形式來認識犯罪事實，不過這終究不會實現。這一點我們已在第四章參照哲學上的眞理論觀察而得。

將「有＝有」、「無＝無」的認識當作爲眞，「無＝有」、「有＝無」當作謬誤的亞里斯多德存在論式認識論（眞理符應說），在這一點上其實與裁判的結構完全相符。然而，正因爲無法輕易地適用亞里斯多德的存在論式認識論來認定犯罪事實，所以才有冤罪的問題。

另一方面，在審判當中的證明問題，與數學上的證明不同。因此不可能有百分之百的證明。

如上所述，審判中的認識論有其界限。「罪疑則不罰」這句法諺廣受宣傳而成爲刑事審判鐵則一事，也顯示了這一點。

要強調的是，我們無法僅以認識論來作結，最終還需要正義論的思考。除了透明無色的「認識」領域，我們勢必要踏入帶有倫理性色彩、涉及審判者要如何作態度決定的領域中。

何謂審判者的「倫理性實存」？

齊克果（Søren Aabye Kierkegaard）曾經提過什麼是作爲倫理實存的人。他說，追求正義，排除一切不正的存在者，就是作爲倫理實存的人。

而齊克果自己也承認，這實在是過於苛刻的理想。然而，當我們思考冤罪這種絕對的不正義之際，這也是我們無法逃避的課題。

無論從誰的角度來看，以冤罪，亦即以無中生有之罪對無辜者施以死刑或其他刑罰，都是不正義的。它就是「絕對的不正義等於絕對之惡」。以審判製造出冤罪，就意味著在這世間蘊生了絕對之惡。公民應該如何才能在原理層面、實踐層面或者機率的層面中避免自己製造出絕對之惡？

審判者的「倫理實存」是什麼？

在思考這個問題之前，我希望再一次確認本書的目的。

本書絕非打算要對公民的思考立下操作指引。因此，我並不是想要說，只要有本書提到的冤罪性就應該作出無罪判決之類的話。當然，這也不是說在沒有冤罪性的情況下就可以判定有罪。本書所呈現的冤罪性，乃是爲了作出有罪、無罪之最終結論所需要的工具。

因此，即使有此處提及的冤罪性，最終也有可能作出有罪判決的抉擇。

只是毫無疑問地，在此情形下作出無罪判決，將得以避免製造出絕對之惡。審判者自己可以避免冤罪這種絕對不正義的事態發生。當然，在作出無罪判決之情形下，也可能蘊生出相反的、負面的潛在可能性。亦即，眞正的犯人有可能被判爲無罪，而野放於外。然而，即便如此，這也不是絕對之惡。不，這個連單純的「惡」也不是。爲何我們可以這麼說呢？這是因爲刑事審判中有罪疑則不罰的鐵則。

錯罰無辜之人是絕對之惡，但不罰嫌疑人，可以透過「罪疑則不罰」這樣的審判鐵則加以正當化。其結果也不得不會讓眞正的犯人逃之夭夭。不過這在刑事審判中實屬正當。

這是審判者得以成爲倫理上的實存之最佳方法。

解構裁判的權力性

以上所提到的，終究會牽涉到公民是否也是這麼想的。當然，應該也有人會強烈排斥讓眞犯人逍遙法外這種事吧。

並不是非得要依照上述第一種方法不可。

作爲次佳方法，將裁判的權力性予以解構後（即德希達的「洞察既存秩序或概念的結構以擺脫其咒語般的束縛」），審判者即可成爲一個倫理上的實存。所謂「解構裁判的權力性」，是指公民不受到職業法官的影響，貫徹自己的判斷。換句話說，公民不能受到職業法官見解的牽引而對下無罪判決猶豫不決。在歐洲，裁判員被稱爲「公民法官」、「名譽法官」。

職業法官絕不是一個客觀中立、無色透明，只問合理與否的開明的存在。相反地，職業法官甚至是一個不可避免沾染著「國家刑罰權之行使」這種晦暗色彩的存在。廣義而言，職業法官無非是一帶有治安維持任務的權力性存在。不管怎麼說，他們就是因此才受領公家之俸給的。

因此，在公民審判當中，居於審判立場的公民，勢必要明白職業法官的影響毋寧是一種「不良影響」，必須有意識地將這種影響加以阻絕才行。

再重申一次，本書絕對不是打算要對公民的思考立下操作指引。本書所提到的冤罪性存有各式各樣的型態，而應要在什麼樣的冤罪性存在的情況下作出無罪判決？每個人的想法應該都不同吧！而這也是理所當然的，因爲冤罪性的種類與程度本身都存有不同。

然而，除了判斷有無「類型化的冤罪成因」以及「冤罪風險」，也包括各人固有的推論或對事物的看法，只要認為最終應下無罪判決（或者不能下有罪判決）之際，不應該有一絲躊躇遲疑。

在作出結論的最後階段中，若公民能完全阻絕職業法官的言語，將自己暫時置於中止判斷的空白狀態的話，那麼自審判開始以來思維活動的結果所指出的方向（純粹的意向）將會顯現出來。由於此時無論如何都只有「有罪」或「無罪」兩種選項，因此內心必定會抱有朝向某一邊的意向。而這種意向的感受經驗，或者說是從內心發出的呼聲，絕不能被社會上一般人的想法或者被自己的膽怯所干擾。

此際，最忌諱的是讓推理毫無道理地延伸。

之所以這麼說，是因為誠如「理性無法認知到理性的界限」這句話所言，人的認識能力有限，無法認識到認識論的界限。就人類知性的一般性傾向來說，一旦開始推理，總會想要一直推理到最後，直到山窮水盡之處。不，毋寧說，這種想要突破極限進行推論的意圖可以說是我們的本性吧。

亦即，在認識論上我們無法確定認識的界限，但即使如此，人總會有深信「此時此刻，能夠認識到某事」的傾向。

而在此如果沒能看出其中的謬誤，就會陷入如丸正事件冤罪騷動中所見到的那種

「獨我論的狀態」。明明已經深入到不可知的領域中，卻沒有察覺到此事，誤以爲自己正追求著眞實，而深信不疑。

雖然在審判的不可知領域當中運作的是「罪疑則不罰」的鐵則（「不可知的領域」→「罪疑則不罰」→「無罪」），但是究竟什麼時候才會進入到不可知的領域，這只能夠透過審判者自主性的自覺才能判定。因此各個審判者必須總是不斷探問，現在到底有無超越了認識的範圍而陷入到不確定的推論當中。固然，我們必須要畫出一條底線以停止推論，但此時絕對不能夠將職業法官的思考或示意考慮進去。（諸如「不是可以作出如此這般的推論嗎？」「綜合了證據A、B、C來看可以成立何種推論？」「可以成立何種與所有證據皆不矛盾的推論？」等來自職業法官的言論，必須要當做是惡魔的耳語。）

此處一旦棄守，作爲審判者的倫理實存也將崩解。能夠憑藉純粹意識與公民精神而毫不猶豫地作出無罪判決的存在者，以及進而試圖對「罪疑則不罰」此種不可知領域產生自覺的存在者，是作爲倫理實存的審判者的第二姿態。

關於這一點，我將舉出一件具有象徵意義的事件來說明（請參見下一段）。

某位法官的「罪與罰」

雖未被正式認定為冤罪但至今仍有此懷疑的死刑確定事件當中，有一件被稱為**袴田事件**。

這是一件發生在靜岡縣清水的味噌製造公司經營者一家四口慘遭殺害並放火燒毀住屋的事件。在事件發生一個半月之後，一位前拳擊選手袴田巖被視為嫌犯而逮捕。他在事發當時在該味噌製造公司工作，並寄宿在公司內，而公司就在被害者住家的對面。袴田在羈押期限屆至前才自白他殺害了一家四口。

在審判中，被告方雖然主張受到強制才自白，但從一審到最高法院，判決結果都是死刑。在死刑判決確定之後，袴田主張受到冤枉，並兩度聲請再審。現正審理本案第二次再審之聲請（譯按：二〇一四年三月二十七日靜岡地方法院已經允許開啓再審程序，並且停止羈押之執行）。本案中，即使在作出有罪判決的審判裡，四十五項自白筆錄當中竟然高達有四十四項是基於不當強制下所製作，而被認定無證據能力，是以我們實在難以否認在對袴田的偵訊過程確實存在不少問題。

本案第一審撰寫死刑判決的主筆法官是一位叫做熊本典道的法官。他於二〇〇七年，事件經過四十餘年之後，對自己的錯誤判斷表示懺悔。他告白著當時其實心中懷疑有一半機會無罪，而在苦惱之後作出決斷，現在則認為是冤案；而在宣判後到現在，四十年來始終為此痛苦不堪，並向死刑犯被告的家屬道歉（於二〇〇七年三月九日在眾議院議員會館「死刑廢止推進議員聯盟研習會」之記者會中做如上表示）。

熊本典道法官是應屆考上司法考試的傑出人才，在法院內部也受到非常高的期待。然而卻因為袴田事件而辭去法官職位，爾後即使成為律師也幾乎沒有執行業務，不但白費了他的能力，也毀了他的生涯。聽說他現在仍接受政府的生活支援與保護。

即使像熊本法官一般那麼有良心的法官，都非得要作出如此歪曲不正的判斷。從職業法官的立場與性格來看，硬是要作出這種判斷一事，可說是他們的宿命。而這也是他們的界限所在。

因此，新的刑事審判裡，公民必須要果斷地切斷與過去的連結，勇敢向未來躍進。而具體展示出這種勇敢躍進精神之所在也是本書的目的之一。

死刑冤罪的正義論

到目前爲止，本書敘述了一般的冤罪正義論。接下來，將集中在死刑冤罪來檢討其背後的根本難題（aporia）。

即使在冤罪當中，被判處死刑的冤罪也是很特別的。例如，就剝奪無辜者生命、抹消一切以終結整起事件、以國家權力將權力的錯誤封印起來、從結論來看近似於殺人（等同於司法殺人）等而言，死刑冤罪明顯超越一般的冤罪理論。

冤罪固然是絕對的不正義，死刑冤罪則是冤罪當中最極致的，性質上也有別於一般冤罪的類型，可以說是超級絕對的不正義。其他姑且不論，無論如何都必須要避免死刑冤罪的出現。這成爲正義論的重大課題。

從審判者的「倫理性實存」這種觀點來思考時，問題便落在：當無法徹底去除死刑冤罪風險的疑慮（即使風險再低）時，我們應採取什麼樣的態度決定？

在此成爲問題的「死刑冤罪風險」，並不限於冤罪風險，也包括了未達冤罪風險程度的微弱不安與些許懷疑。嘗試用語言表達的話，就是也包括了那雖然在邏輯推演上有罪，卻在心理上出現一抹不安的情形。

爲死刑冤罪風險所苦惱的人，多半是由於採取前述第二種令審判者成爲倫理上實存的方法吧。然而，即使在第一種作法當中，這種苦惱也絕非不可能發生。在實際的審判當中，有可能出現感受到那種難以名狀的不安的情形。不，更精確地說，以實際從事過審判工作之身分而言，能夠帶著百分百絕對的自信來宣告判決的例子反而少見。直到最後仍殘留無法讓自己確信的情況比較多。

明明除了邏輯推演之外，將感性的事物也包含進去考量的話，不能說帶有百分之百的自信，難道這樣也可以宣告死刑嗎？是否即使在這種情況下，除宣告死刑外別無他法？這是本處的問題所在。

與正義論那種大概如此的直覺相反，要解決這個問題，實際上並不容易。如後所述，這是因爲事情牽涉到審判的基本結構使然。

刑事審判在結構上來說，可分爲「有罪無罪的判斷」與「刑的判斷」，而就這兩種判斷間的關係，存有固定的規則。

在這兩種判斷當中，所謂有罪無罪的判斷，就如同本書到目前爲止的說明，是犯罪事實有無的認識，這無非是認識論的問題，不過在審判實務當中，則取其認定犯罪事實的含意而稱爲「事實認定論」。另一方面，刑的判斷則是以有罪爲前提下所進行之刑罰種類與刑度之決定，而取其量定刑罰的含意而被稱爲「量刑論」。

就這兩者的關係而言，存在著一種獨斷的教條（dogma）。

容許死刑冤罪存在的邏輯

迄今的審判當中，一般皆認為，即使審判者內心存有「或許是冤罪」這樣的不安，既然已經達到判斷有罪的程度，那麼這種不安定的因素就絕對不能反應在量刑論上。因此，產生了內心雖然不安卻不得不宣告死刑的事態。

在「眞實只有一個」的想法之下，無論如何，既然已經達到有罪判斷的程度，就必須將被告有罪一事視爲眞實，而進入到量刑論的下一個階段。因此，在那種量刑上勢必相當於死刑的案件當中，即使內心對被告是否爲犯人這個最根本的點存有不安，卻已無法再顧及這點而唯有爲死刑宣告一途。

單以「欺瞞」或「僞善」諸如此類的字眼，並不足以形容這樣的事態。接受死刑宣告的這方就無庸多說了，就算是審判者也會產生極度的人性上的苦惱，有時還會令人深陷那種瀕臨精神危機邊緣的極端狀況。亦即，陷入一種也類似於審判者背負著原罪的狀況。

波崎事件是另一個本書所提及的冤罪事件。

二〇一二年逝世的團藤重光博士（東京大學名譽教授、最高法院法官、受有文化勛章），是戰後日本刑事法學者的翹楚，同時也是法官。他曾經因爲在波崎事件中，自己在沒有徹底消除冤罪疑慮的狀況下就宣判被告死刑，因而懊惱不已，最後甚至在報紙上公開吐露心聲。然後寫了《死刑廢止論》。

從本書立場而言，這個所謂的「冤罪的疑慮」，指的無非就是冤罪風險，因此審判者只要採取第一種成爲倫理上實存的作法，就應該要判決無罪才對。然而，如果採取第二種作法的話，也有可能會在作出有罪判斷之後，才正面回應死刑冤罪的風險。

對於團藤法官而言，即使整體來看有罪是無可撼動的，但無論如何心中的某處仍留有難以釋懷的芥蒂。（簡單來說，這要不就是屬於本書所謂成爲「倫理實存」的第二種作法，要不就是像袴田事件的熊本法官一樣，對身爲審判者的權力性無法釋懷。）

總之，雖然在不同場合、不同審判者之下會有相異的結論，但只要死刑制度猶在，就會產生像這樣的苦惱。

那麼，如斯苦惱的源頭，是否爲現代審判唯一無可避免的結果？

難道「有罪判斷→眞相只有一個→量刑上相當於死刑→即使心中存有冤罪的不安仍判決死刑」這樣的推論是絕對正確的嗎？確實，在某方面而言，這是切合近代式「眞理」

「眞實」的觀點。

然而，我們也可以說這是過度拘泥於此的想法。而如果認為如此一來發生死刑冤罪也是不得已的事情的話（從結果來看的確是如此），毋寧說這是假借「眞實」爲名所爲的惡魔般的推論。無論說詞如何，都不能否定這是疏離於人性的推論。

要如何破除惡魔般的推論？

縱然如此，要打破上述「事實認定論＝量刑論」的邏輯並不容易。不，甚至不得不說是絕望般的困難。實際上在審判的世界當中，可以說至少到目前爲止，上述關係幾乎被視爲是公理一般的大前提。

之所以會說近乎絕望般的困難，也是因爲存在著下述諸種事由的緣故。

因爲這個邏輯被認爲是近代刑事審判的大前提，因此，若想要破除這種邏輯，首先必須要重新探問近代的理性主義、近代的「眞理」「眞實」的概念意義與界限。

其次，爲了使「事實認定論與量刑論連動」這件事可被接受，要如何證明其容許性並且賦予其新的立論根據，便會成爲問題。其所要求的是能夠撼動近代審判「定理」的嚴密論證。

最後，在可以允許連動的前提下，量刑階段裡最終要選擇什麼樣的刑度，也是問題。當對死刑冤罪浮現一抹不安的時候，可以判無罪嗎？這一次，這個問題將會被反拋回來。

道理在於我們反而難以迴避如此巨大的疑問：如果我們廣泛承認以心理層面中存有的一抹疑慮（而非邏輯推論的結果）作爲無罪的理由的話，那麼審判制度會不會因而徹底瓦解？

無根據的審判確信：「眞實只有一個」

到目前爲止，可以說與審判事務相關人等（除審判者外也包含檢察官或辯護人等等）都被「眞相只有一個」這樣單純的觀念所支配。人人抱持著過度單純的信念，單純到相信我們能夠線性地去追求眞實。

如此一來往往會變成前述那種深陷「眞實與眞實的競爭」、「眞相與眞相的競爭」當中，永無止境反覆議論的境地。最終還出現過像是稱呼那些不認可「自己採信之眞實」

的對方爲「（比喻頭腦簡單思慮淺薄的）單細胞」等，諸如此類令人覺得丟臉的情形。而糾舉冤罪之人最後也退步到與職業法官毫無差異的層次。

本來「眞實只有一個」這種想法本身其實是紮根於近代式的理性主義精神。想要在證據法則和審判準則的邏輯必然性之下像數學或物理學一般追求眞實的想法，其實是基於近代啓蒙主義式的理性觀。

然而在現代，就連物理學裡線性的因果性與不可逆的時間概念也被愛因斯坦的特殊相對論顚覆，而在量子力學的領域中出現了不確定性原理，在數學中哥德爾（Kurt Gödel）的不完備定理也徹底突破了數學本身的完全性。近代所著稱的理性萬能神話其實已經崩解。

我們已經不能夠單純依憑著近代的理性主義精神來解決一切了。

所追求的審判典範轉移

法蘭克福學派的霍克海默（Max Horkheimer）與阿多諾（Theodor Ludwig W. Adorno）認爲，「藉由理性就得以理解這世界與人類的一切」的這種近代啓蒙思想，其實是極爲片面的。不如說，從啓蒙的理性當中會產生野蠻與暴力。納粹就是其典型例，而這也是近代理性主義必然會出現的產物。（霍克海默、阿多諾，《啓蒙的辯證》〔啓蒙の弁証法〕）

興起現象學運動的胡賽爾（Edmund Gustav Albrecht Husserl）認爲，所謂眞僞的「眞」，並不是與客觀（客觀世界）相一致，而只不過是藉由人類意識活動所確立的東西，從根本來看，與好惡或美醜是屬於同一層次的事物。「眞」，充其量不過是一種確信、信念。其認爲，人在意識的裡面區別著「眞」與「僞」，因此，即使我們口中說著「眞理」或「客觀性」，這並非保證其於客觀上的一致性，而不過是在說意識（總）是一致的。再者，即使同樣在說「眞」這件事，對「眞」這件事（的意識）必然會帶有細微的差異。（胡賽爾，《現象學的理念》〔現象学の理念〕、《觀念論》〔イデーン〕）

生於二戰時代的維根斯坦（Ludwig Josef Johann Wittgenstein）將邏輯學與語言哲學的框架予以重組，至今仍舊是現代哲學中非常重要的刺激與靈感泉源。依照他的理論，眞僞的判斷等等只不過是一種語言遊戲而已（維根斯坦《哲學探究》）。

進而，連深入於生活世界的模糊理論（fuzzy theory）也出現了。

象徵近代理性主義的想法之一是，事物不是眞就是僞，凡事必可劃分爲「眞」或「僞」的思考方法。例如，笛卡兒說：「被稱爲智性或理性的東西，其實就是區別眞僞的能力。」（《方法序說》）

而這當然支持著「眞實只有一個」這樣的想法。

相對於此，模糊理論卻承認眞與僞兩者之間的領域。這種理論承認了「幾乎爲眞」、「或許爲眞」、「傾向認爲爲眞」等狀態，並嘗試將其理論化（模糊集合論、歸屬函數）。而模糊理論正是符合於現實世界的思考方法。我們所生存的日常世界，並不是靠嚴格區別眞或僞的態度，而是以機率的評估與感覺在運行著。

實用主義（Pragmaticism）的代表性人物——哲學家威廉・詹姆士（William James）有如下的說法：

> 將事物與事物漂亮地串連起來……順利地引領我們從經驗中的某一部分移轉到其他部分的想像，其正是在這樣的意義之下才是眞。
>
> ——《實用主義》（プラグマティズム），桝田啓三郎譯，岩波文庫

無論如何，在自然科學或者社會科學的世界中，於二十一世紀尚未到來前便悉數產生了「從近現代移轉到（後）現代」的典範轉移。

沒有道理僅在審判的世界當中可以不和這個「科學革命」產生關係。我們可以說，有需要進行審判本身的典範變更。

審判典範的現代式翻轉

迄今的刑事審判中，只要在有罪無罪的判斷中形成了有罪的認識，那麼就必須基於犯罪事實存在的前提，進入到接下來的量刑論階段。這向來被視爲是絕對的邏輯，然而實際上在此卻存有從存在論與認識論或「實在論＝觀念論」的區分而來的疑問。

所謂有罪無罪的判斷，是指犯罪事實有無之認識，屬於認識論。而如同本書多次提及的，這個認識論不可能以單純之「存在論式的認識論」（亞里斯多德的「有＝有」、「無＝無」之認識）的形態而成立。儘管如此，我們還是以犯罪事實實際存在，而進入到下一個量刑論的階段，強行以犯罪事實的實在性作爲前提。在此出現了難以忽視的推論跳躍（若以哲學上的認識論用語來說，在這個情形下，認識的方法理應是一種關於蓋然性的判斷，而在法學上的討論中，所謂審判的「認定」也被定義爲「行爲屬實的（高度）蓋然性」）。

亦即，在目前的「事實認定論＝量刑論」之下，在量刑論的入口處，認識論就轉變爲存在論的樣貌。也就是說，理應是「蓋然性」的、「想像上的認識」的東西，卻轉變成爲一種「單純直觀的實在論」。

那麼，究竟爲什麼如此不具整合性的嫁接卻被當成是正解？難不成這也被當成是作爲近代刑事審判大前提的絕對邏輯嗎？

在此可以發現近代啓蒙主義下的理性觀以及近代理性主義精神如咒語般的束縛。之所以這麼說，是因爲在「事實認定論＝量刑論」二階段結構下，成爲下部結構（基礎）的是事實認定論，而更動事實認定論的出口，在邏輯上也可以說是自殺行爲。因此，應該說並不是沒有注意到兩者於接合部位所生之齟齬，而是因爲近代理性主義下「不可以」有這種齟齬。因此，無論如何都要在量刑論的入口處將認識論轉變爲存在論。與其說是純粹邏輯使然，不如說是精神（近代精神）的傑作。

不過到了現代，如同卡爾・波普（Karl Popper）所代表的，近代的理性主義本身已經轉變爲批判式的理性主義。而批判式的理性主義雖然直視了人類理性會犯錯這件事情，卻弔詭地將「進化論式的理性主義」連結在一起。

也就是說，事情反轉過來，變成「科學透過反證而進步」的看法。即使舉出一千個吻合的案例也不能夠證明理論爲眞實，但是只要有一個反對事實就能夠證明錯誤。藉由反證來發現錯誤才能確保科學的進步。

因此在我們所生存的當代中，我們已經找不到理由去刻意忽視錯誤的可能性，並且強行將這個錯誤可能性封印起來。在批判式理性主義解除了近代的咒語的現在，「事實認定論＝量刑論」之間的關係將展現其本來的姿態。既然審判上的證明不可能像數學一般有百分之百的證明，那麼量刑論也無妨與事實認定論連動。不如說，是應該要連動才對。

依照批判式理性主義，我們必須要將錯誤的可否證性包含進來考量。這被視為是進步。

在審判的事實認定論中雖然作出了有罪的判斷，但若存有一抹不安的情形，所認定者就是包含了錯誤的可否證性的「不完全眞實」。所謂的「暫定的」眞實。

我們必須肯認這一點，並以此為前提展開接下來的量刑論。

連動的事實認定論與量刑論

在最後，當案件存有一抹關於死刑冤罪之不安時，其刑度應如何決定？

在思想、哲學的世界當中，萊布尼茲以降，有所謂「可能世界」的想法。透過審判所認定的事實，雖然還稱不上是單純的虛構，但仍是「可能世界」。

因此，無論用再多的證據來確證審判的命題，終究無法斷言其為「毫無懷疑的現實世界」。將其視為現實世界而進行下一階段的量刑論的話，反而可能會讓整個審判產生偏誤。既然所證明的是可能世界，那麼，一直到最後都必須以可能世界的事物爲前提來進行討論。到目前爲止，雖然已經用其他說法敘述過了，但還是要再問一次：那麼，在這種情形下，「最能被設想到的可能世界」爲何？這應該是僅次於死刑之刑罰的世界吧！

以日本的法制來看，僅次於死刑的刑罰是無期徒刑。然而依照審判慣例，出現一種更接近死刑的刑罰——「事實上的終身刑」。終身刑與無期徒刑的差別在於有沒有假釋（終身刑沒有假釋，而無期徒刑則有）。而審判實務上在判處無期徒刑時附加「不允許假釋」之限制條件，用以創造出這種特別的刑罰。

因此，現實上存在著「事實上的終身刑」這種刑罰種類。

「事實上的終身刑」又被稱爲「緩慢的死刑執行」。這種說法固然是從負面的角度來評價「事實上的終身刑」，不過，就拘禁在監獄中直到生命消失殆盡爲止這個層面來看，的確可以這麼說。結論是，「事實上的終身刑」一方面屬於無期徒刑的特例，另一方面則是作爲緩慢的死刑執行，無限級數般趨近於死刑；事實上的終身刑嫁接起自由刑（剝奪自由的刑罰）與死刑兩方。

亦即，當對死刑冤罪存有一抹不安的時候，可以思考判處這種「事實上的終身刑」，而非死刑。

這種司法上的處理對被告而言、對審判者而言，或者對整個司法權而言，就意味著如下所述的世界。

接受審判的人，除了赦免以外，將終身被拘禁於監獄當中。然若其冤罪之主張於再審等程序中獲得肯認之際，當然會獲得釋放，並接受種種救濟（刑事補償、回復名譽等）。而這樣的機會是終身受到保障的。從審判者這一方來看，在這種情形下所宣告之刑罰，雖然也是接近死刑的極刑，但同時也包含著終身保障其因冤罪而獲釋放的可能性。

如前所述，「事實上的終身刑」另一方面又被稱之為「緩慢的死刑執行」。如果是這樣的話，那麼從日本司法權整體來看，事情並沒有損害到司法的嚴格性。因為我們可以將其視為作出「緩慢死刑」之宣告。

最終，這可以說是在上述情形下「最能被設想到的可能世界」吧。（被告被執行死刑之世界或者立即無罪釋放的世界，都不能說是最能被設想到的世界。判處其他刑度的可能世界也同樣如此。）

當內心存有可能是冤罪的不安時，就算只有一丁點兒，不妨就迴避死刑之適用。以公民審判論的立場來看，即使在情狀面上該當於死刑，也可以考慮宣告「無假釋」之無期徒刑。

接近未來的審判論

在本書中，我們將各個事件中的冤罪性抽取出來，並且釐清其種類與程度（大小）。此外，也觸及到冤罪性本身的社會意義（的不同）。進而，我們也觀察了關於偵查結構上的冤罪性，這與各事件類型的冤罪性屬於不同層次。

審判這種知性活動，往往被認為是非常契合於「眞實」、「合理性」、「唯一的正義」這種近代的理念。這固然無可厚非，但只有這樣是絕對不充足的。

在今後的公民審判中，我們期許審判者在眞實之確信被奪去的狀態下，仍能循著燭火在苦惱的審判之道上前進。在這樣的苦惱前行當中，最終必須要依照「幾乎爲眞」、「或許爲眞」、「傾向認爲爲眞」等等的感覺來作出結論。同時，這樣的感覺、乃至於半信半疑的心理將會是非常重要的。

那麼這些「幾乎爲眞」、「或許爲眞」、「傾向認爲爲眞」等中間領域要如何在審判的世界裡和最終命題（有罪、無罪之結論）連結在一起呢？本書所提的冤罪性正可顯示這個問題的核心。亦即，冤罪性的種類與程度（大小）、或者各種冤罪性在社會意義上的不同等等，清楚說明了這些事情。

最後，會出現所謂「審判者之實踐」的正義論。也就是所謂，審判者作為現實存有的實存論課題。

在此，若要例示出一條依循著正義論的最終道路的話，將會如以下所述一般。

打從一開始就懷疑是冤罪，但在沒有確認之下判決有罪定讞，至今情勢仍然不明的案例中，有一件是**滋賀・酒店女性店主殺害事件**（一九八四年）。

在滋賀縣東南部的日野町，有一位經營酒類販賣兼立呑酒屋（譯按：立呑酒屋是指僅有吧檯，店內無椅子，客人站著吃的小酒館）的年長女性行蹤不明，於隔月在一住宅用地上發現她被掐頸而死的屍體，而遺體的頸部與顏面有損傷。其後在深山裡發現一只原本放在酒屋裡的移動式保險箱，上頭留有撬開的痕跡。

事件經過三年，警察認為一位酒店常客中年男性涉有嫌疑，經其同意進行偵訊，警方表示在偵訊時該名男性便自白強盜殺人，因此遭到逮捕。

審判中被告喊冤，但從一審法院到最高法院都判決有罪，最後判決無期徒刑。定讞後，入獄服刑期間被告仍請求再審，但皆未獲許可，於二〇一一年病死。被告家屬至今仍主張有冤，並持續進行回復名譽的訴求活動。

本事件中，被告之自白有許多不合理的的地方（也就是說令人懷疑受到強暴脅迫），一審判決雖然作出有罪的結論，但認定自白是沒有證據價值的。自白內容與所發現之遺體及移動式保險箱的損傷狀況有相當程度的不一致。

另一方面，這個事件中有支持有罪認定的重要證據：指紋。警方在立呑酒屋裡通常客人不會進入的地方，採集到殘留在現場的指紋。亦即，在被害者的矮桌抽屜內的短柄圓鏡上，採集到與被告相符的指紋，而成爲證明被告物色財物的堅實證據。

然而，被告卻主張：「以前在店內喝酒時，曾經向店主借過短柄圓鏡來看自己的臉。」

一般而言，像這樣的案例，除了被告，店內常客也會悉數列入調查對象。同時，除了被告當天的行蹤，亦會詳細調查其長期以來的行動。而就案發當天的情事，會以地毯式作戰方式挨家挨戶訪查有無目擊者，詢問眾多的關係人，包含路過民眾等。至於物證，會採集指紋並蒐集店內所有的蛛絲馬跡，送交鑑定。另外，會詳細檢證被害物品的狀態，進而就該項物品的發現處所，調查該物品搬運之經過以及其與遺體發現處所之地緣關係等。當然，針對屍體也會進行嚴謹的法醫鑑定等，以諸如此類的方式，向法庭提出各式各樣的證據。

然而，以「類型化的冤罪成因」的觀點來看，這種案例中冤罪性會涉及現場指紋之證據界限問題（與第六章所示「ＤＮＡ證據的界限」並列）。這應該是一目瞭然的吧！另外，自白有無包含祕密的揭露一事也是馬上就可察覺的事情。

在此情形下，現場指紋的證據價值便成爲決定關鍵。然而，我們理應可以看見以下整體的證明論式結構：指紋證據的證據價值相當程度依存於「曾經借過短柄圓鏡」這個未經確認的事情。

如此一來，細部問題變得非常重要，也成爲注目的焦點。是否「曾經借過短柄圓鏡」這件未經證實且微不足道的事實雖然變得很重要，但這是無論怎麼調查都沒有辦法明確判定的事情。正因如此，其模糊性又再一次反彈回到整體冤罪風險的觀點上。

即使並非僅以「類型化的冤罪成因」或「冤罪風險」就能處理所有的事情，但是我們可以知道，事件的冤罪性應如何定位，並且知道在審判時這些冤罪性會如何地從何處移轉。而審判者自己也會知道自己的心證是怎麼轉變的。

在此，開啓了一種可能性，亦即審判者可以跳脫那種必須要追逐「(永遠都不可能得到的)眞相」的強迫觀念，而將自己投身於那裡的可能性。在第四章有點誇張地引用到海德格來說明，其原因也在於此。

審判者最終都必須要將自己投身於那裡（事件、審判、曖昧性、不確實性），並賭上自己的實存。

當然，如果在審判中可以獲知眞相，當然就用不著走到這步田地。不過，我們所面臨的事態並沒有這麼單純。在許多的案例中，於複雜的事態或流動的狀況之下難以期望能完全分辨清楚是「眞」還是「僞」。

正因如此，「類型化的冤罪成因」或「冤罪風險」才是眞正重要之處。這是本書的立論所在。而筆者無非是希望這能讓我們以現代的角度重新評價審判本身，並促使審判典範的改變。

＊本書所引判決，原以固有名詞呈現之處，爲求行文流暢，做了適當之潤飾。

後記

本書是一本討論新時代（裁判員時代）公民審判論的書籍。目的在於展示公民要如何才能徹底參與重大刑事案件之審判。

本書並不涉入討論在審判結束後以及判決結果出來後的事情。自然地，關於判決結果的檢討改正等問題，尚需另行討論之。冤罪乃絕對的不正義，這是無論要花多少功夫或者耗費多少時間都必須要加以糾正的事。就算花了幾十年的時間也必須要去做。

因此本書絕對沒有要輕視上述有關判決結果之糾正的論述。相反地，上述「結果糾正論」其實必須搭配本書所提出的公民審判論。若兩者不能有效運作發揮功能，恐無法開展嶄新的司法。

本書曾經敘述過，就ＤＮＡ鑑定、一般法醫學鑑定或者其他科學鑑定而言，由於其具高度專業性，裁判員不得不以此作爲前提而進行審判。然而，這並不是說，專業的科學鑑定應該就不會有錯誤，或者，就算有錯誤也是不得已的事情等。即使我們不得不接受現代社會高度專業分工的事實，錯誤仍理所當然需要被糾正。可是，想要將有關糾正錯誤的論述放在公民審判論當中是不可能的。我們僅能在「結果糾正論」裡面處理這個問題。

換句話說，本書是將結果糾正論置於公民審判論的後頭。從時間序列來看，結果糾正論必須要在公民審判論的後頭隨時待命。而這就是本書所描繪的嶄新司法的完整樣貌。

本書曾就小田中聰樹所著《冤罪是這樣被製造出來的》等深獲好評的入門書，作出看似像批判一般的評論。不過這種論調是以公民審判論的視角來觀察時才會出現。從結果糾正論的角度而言，這些討論一點也沒有喪失其閃耀的價值。小田中氏於前揭書中，花了近半本的篇幅詳細地呈現了冤罪的實際形象。而其後，法院也一如預料，在再審程序中明白承認了（被告受到）冤罪。

本書一方面肯定這些努力的價值，另一方面也嘗試與這些努力在時間先後的功能分配上作出區別（「前階段」、「後階段」），或者透過不同觀點（「如鳥般俯瞰」、「如昆蟲般微觀」）的相互作用，展開新的局面。

針對各種審判活動，本書嘗試以認識論爲核心，並妥適地分配權力論、正義論的篇幅。因爲，若無法將權力論或正義論等固有的範圍加以確定，就有可能妨礙了作爲思考根基的認識論。

死刑判斷等問題固然同屬審判上的重要問題，但這並非屬於認識論，而是屬於正義論的領域。縱然如此，本書所處理的主題是有罪或無罪的判斷，是關於犯罪事實有無之認識，拿手的是認識論。因此，權力論或正義論必須在必要時，在認識論所無法觸及的範圍外才應該登場。

因此我才會在書中主張，對偵查進行過多的批判無益，相反地，甚至還會有害。不過，在本書的最後，關於權力論仍有不得不強調的地方。那就是對於職業法官的權力批判。

以嶄新的微觀史學研究法創始者聞名，且為當代義大利代表性的歷史學者卡羅•金茲堡（Carlo Ginzburg），曾經實際經歷過朋友被控告殺害警官的事件，於是，他開始以歷史學家的視角去直視審判的實態（《法官與歷史學家》〔裁判官と歴史家〕，上村忠男、堤康德譯，筑摩學藝文庫）。這本書所描繪的是一件冤罪色彩濃厚的審判過程，一位左翼運動家在殺警案發後十六年才遭起訴。該著作以驚愕的口吻描繪著法官是如何偏頗、不中立，刻意地想要定人有罪。

大家多半將歷史事實的確定（「歷史認識」）與犯罪事實的認識（「刑事審判」）看作是過去事實的認識論問題。而就認識上的根據而言，也各自限定在歷史資料及證據資料，同時，兩者在方法論上的嚴密性也很相似。然而，即使在認識論上具有共通性，法官卻與史家不同，無法避免受權力的影響而產生偏見。法官絕不可能是一個純粹中立客觀的認識者。

根本來說，冤罪之中應要受到批判的是職業法官。要爲製造冤罪負起最終責任的不是偵查機關，而是職業法官。爲了正確認識事實，對偵查的批判不得不作出一定程度的限制，但是對於職業法官的權力批判卻不容鬆懈。

偵查機關由於要維護國家治安，不得不在犯罪偵查過程對眞犯人窮追不捨，並迫使犯人自白，因此讓偵查機關帶有權力性質並非毫無作用。然而，讓職業法官帶有權力性質，就是無用且有害的了。我們必須要對職業法官進行無止盡的、徹底的權力性批判。如此一來，審判的認識論才會更加接近於本來應有的認識。

如果對法官的權力性批判稍有鬆懈的話，那麼公民們將成爲必須承擔「冤罪製造責任」的共犯了。這就是裁判員制度，也就是公民的司法參與所必然發生的情況。

本書在很多地方都提到古典哲學的認識論或者現代分析哲學的眞理論。有時候，在與審判者主體性有關之處尚且觸及存在主義哲學。其中一項理由是因爲法學是位於哲學之下，但更重要的理由是，我想要動員所有可以運用且有關連的方法論，藉以眺望那些難以預測走向的審判活動。

雖然裁判員制度的導入已使既有的刑事司法制度走向終結，並揭開了新時代刑事審判的序幕，但本書仍要一舉望盡那即將到來的世界，並要鼓勵公民們進行認識論上的啓發。若要形容的話，就像是期望本書在洶湧無比的時代浪潮聲及社會制度改革的悶雷聲當中，成爲一本公民審判的啓示錄。

有勞岩波書店專務董事宮部信明先生給予相當程度的協助，才有本書的問世。另外，編輯部的伊藤耕太郎先生、中村壯亮先生也給予本書章節組成及內容上的諸多建言。我一邊感謝著這些盡力協助的人士，一邊懷抱著對新時代的期許，將本書獻給讀者。

二〇一四年一月，森炎

〈譯者跋〉

跨越國度的冤罪公式

謝煜偉

本書是森炎一系列「法普類」著作中，頗具理論深度的作品。文章主軸清楚設定在培養公民辨識冤罪風險，養成「對冤罪的感受力」，並且在實際的審判活動中，採取具體的行動方針。理論與案例的穿插對應下，相當有看頭。

本書日文原名爲《教養としての冤罪論》，中文直譯的話就是「作爲通識教育養成的冤罪理論」。在前言中，作者說要讓大家用日常感覺就能夠掌握到可能的冤罪風險。換言之，這本書設定的讀者群應是非具法律專業的一般社會大眾。不過，各位讀者應該可以清楚感受到，這本書使用的詞彙並不那麼通俗，內容也不那麼通識。在翻譯與校訂的過程中，筆者及其他譯者們也不斷煩惱著究竟要忠於原著較爲精簡但略爲艱澀的敘述，抑或用一種博物館解說員的口吻，詳盡地、甚至嘮叨地於各處補充必要的背景知識。最後，我們考量到保留本文原有的節奏感以及避免造成讀者過重的負擔，選擇保留原著較爲精簡但艱澀的敘述，盡可能壓低譯者補註的比重。

筆者因爲研究日本的死刑量刑問題，三年多前開始關注森炎前法官的系列作品，像是《量刑行情》（2011）、《死刑與正義》（2012），以及最近出版的《死刑肯定論》（2015）。不過，除了死刑與量刑議題之外，森炎對於刑事司法批判論也著墨甚深，像是《司法殺人》（2012）、《司法權力的內幕》（2013）、《虛構的法治國家》（2015），都可以算是這條主軸上的延伸作品。此外，作者亦有多本著作探討在導入國民參與刑事審判制度（日本稱之爲「裁判員制度」）之後，應有哪些對應作爲。可以說，是近年來有關刑事司法批判論與改革論者當中相當具有量產能力的作者。而這本《冤罪論》堪稱是森炎綜合上述三大寫作主軸（死刑與量刑、司法權力批判、裁判員制度）而成的作品。

冤獄平反協會在出版了 Brandon L. Garrett 所著《Convicting the Innocent》（中譯本書名《路人變被告》）一書後，筆者便大力向羅秉成理事長推薦本書作爲第二本翻譯的著作。不過，嚴格而論，本書與其說是關注「冤罪救援」，不如說關注如何在事前盡可能「避免冤罪」出現。特別是在導入裁判員制度之後，作爲審判者的公民應該要以什麼樣的心態面對案件？要如何才能避免冤案發生？本書都提供了相當豐富的素材與理論基礎，讓人們更深入的了解冤案的結構性成因，並且將這些事後萃取出來的冤罪類型因子，轉換爲未來審判時可茲辨識的「冤罪風險」。就此，可以看見本書作者的宏遠企圖，不僅在於關注冤罪的問題，更在於指出一幅新時代刑事審判制度的藍圖。

台灣當前雖然未如日本一樣推行國民刑事審判制度，但本書所援引的冤案都是發生在職業法曹的年代，同樣值得我們引以爲鑑。過去以來，日本刑事司法制度雖然屢屢號稱「精密司法」，但在定罪率高達百分之九十九．九的背後，卻藏有令人吃驚的權力運作問題以及結構性的誤判因素。對台灣冤案現況有些了解的讀者應該驚呼連連：日本司法制度的困境，像是對DNA鑑定、自白、目擊證言的迷信，以及共謀共同正犯的冤罪性問題，都與台灣面臨到的問題如出一轍。這些冤案當中彷彿就是蘇建和、江國慶、陳龍綺、乃至於（尚未平反成功但冤罪性質濃厚的）徐自強、邱和順、鄭性澤等案的翻版：預想偵查、不正取供、共犯自白相互補強、錯誤鑑定……打造了跨越國度的冤罪公式。

從刑事法研究者的角度來看，本書提出了許多（對我國審判實務而言）新穎而具說服力的觀點。其中，對台灣最具參考價值的，無非是揚棄以「看穿虛僞自白」爲職志的觀點，而改採「祕密揭露」作爲判斷自白冤罪性的指標（第八章）。祕密揭露理論在日本實務上雖不陌生，但充其量僅作爲判斷自白眞實性的輔助準則之一，同時，也沒有限定祕密揭露的強度，因此適用上容易產生「僞裝的祕密揭露」。相對地，本書作者所採取的強祕密揭露立場，將可有效地限縮自白的利用空間，並且提供清楚而明確的檢證方法，來判斷自白是否「與事實相符」。其次，像是以「證人是否已認識被告」來判斷目擊證言的正確性，以及從供述心理學的研究判斷供述證據的可信度，都是具體可參考的對象。

當然，筆者本人最感興趣的是穿插在各條冤罪線索中間的理論論述。雖然當中使用看似艱深的哲學用語，所欲傳達的理念卻相當明確。例如，作者於〈冤罪的認識論〉提及，刑事審判的目的不在於眞實發現，而在於辨識冤罪風險；處罰犯罪的根據或目的並不在於犯罪的預防或眞相的釐清，而是在於喚起共同體的社會連帶感情，因此，在市民的自由與安全的兩難命題之下，必須在肯認「冤罪無法徹底消除」的前提，有限度地對「作爲犯罪對應策略的刑罰權行使」做出妥協。而在〈冤罪的權力論〉當中，沉痛地指出偵查機關「從預想偵查、另案逮捕到強取自白」的冤罪製造結構。最後，在〈冤罪的正義論〉將目光轉回審判者的自省，冤罪的最終責任在於下判決的審判者，而非偵查者。對於審判者而言，在肯認刑事審判必然爲「不完全證明」的現實之下，即使做出有罪的心證，最終對被告是否眞爲犯人仍有一絲不安感存在時，應勇於打破「事實認定」與「量刑」中間那道由理性所構築的高牆；特別是對死刑冤罪存有一抹不安時，應迴避死刑的適用，改判（無假釋的）無期徒刑。

在作者另一本《死刑肯定論》的作品中，也可以窺見作者對於死刑冤罪的態度：縱使在最後的道德決斷上肯認了死刑的應然正當性，最終仍舊必須回應實然上永遠不可能完全消除死刑冤罪的根本難題。書中以下面這段話作結：「既然要成爲堅定的死刑肯定論者，就必須做好自己可能因冤罪被處死的心理準備。如果沒有這層覺悟，那麼終究只是自我欺瞞而已。」

筆者雖然同樣採取後設的批判觀點，認爲刑事審判的第一目的不在於眞實發現，而在於事後的犯罪處理，並且認爲審判者永遠無法迴避冤案的疑慮。然而，筆者並不認爲「冤罪風險的有無」能夠完全取代「犯罪事實的有無」在審判認識論中的地位。再者，是否爲了維護社會治安，就當然要向偵查權力妥協？或者，是否眞的存在自由與安全難以兩全的對立命題？筆者皆抱持懷疑態度。至於事實認定與量刑連動的觀點，在實務上早已心照不宣、見怪不怪。橘越淮爲枳，「不太確定就判輕一點」的苟且心態，反而有可能成爲掩蓋錯判、粉飾冤罪的遮羞布。不過，上述疑問，並不會減損本書在筆者心目中的價值。如果華文譯本的出現能夠促使更多人重視冤罪成因，關心刑事審判制度的結構性問題，那麼譯者們的努力就算值得了。

本書翻譯初稿以接力方式完成，並在李茂生教授嚴謹的用語要求與監督下，由我與洪維德律師完成全書校譯。台灣大學醫學院法醫學科李俊億教授提供DNA相關用語的翻譯建議，冤獄平反協會執行長羅士翔負責所有繁重的聯繫與行政工作，讓本書得以順利問世。蘇孝倫律師、范耕維、司改會林瑋婷執行祕書參與初稿討論，提供文字上的意見，在此也一併致謝。

〈譯者跋〉

提出懷疑並思辨懷疑——公民的素養與法官的初衷

洪維德

每次看《十二怒漢》（*12 Angry Men*）這部經典名片，我都覺得其中陪審員的爭論內容從頭到尾都在讓觀眾不斷反思「超越合理懷疑」（Beyond Reasonable Doubt）這句話的眞義。

「超越合理懷疑的證明」或者「無合理懷疑的證明」這句話，是刑事訴訟法上有關有罪證明程度的基本理念。但是有許多人認爲，實際上它只是一句空話。每一個上過大學刑事訴訟法課程的人都知道，所謂「無合理懷疑的證明」的意思，就是「有罪證明必須要達到『針對控方所提出的犯罪事實及證據已經無法提出任何被告可能爲無罪的合理懷疑』的程度」。不過也有一些人，甚至包括本書的作者認爲，這句話沒有提供任何具有可操作性的基準，其作用只不過是讓實際刑事訴訟中的「不完全的有罪證明」得到某程度的正當性而已。所以，「超越合理懷疑的證明」這句話可以說是個騙局。

純粹由批判性的觀點出發，當然會得到上述的「空話」或「騙局」的結論。不過，在現實上，這句「空話」或「騙局」卻也從來沒有被我們放棄過。事實上，許多刑事訴訟法學者就有罪證明的程度進行了相當深入的研究，試圖就「超越合理懷疑的證明」建立一個具有可操作性的基準。不過，這些研究的內容與結論如何，以及它們是否眞的成功地建立了可操作的基準，由於涉及過於深入的學術理論，所以實際參與審判的公民、甚至職業法官不可能都完全了解。而且其實他們也沒有必要了解。因爲，他們不會因爲不了解這些深奧的學術理論，就喪失成爲一個好的事實認定者的可能性。

誠如本書作者在第一章中的「審判的超不完全性」以及第四章的「審判上的認識論的特殊性」所提到的，要求在刑事審判中得到百分之百的證明是不可能的。所以，我們只好退而求其次，只要求「超越合理懷疑」這個「不完全的有罪證明」（否則在無罪推定原則下，結果是沒有任何一個人會被關到監獄裡去）。但是，「超越合理懷疑」這句話的重點並不在於它是一個向現實妥協的結果，而在於它的理念內涵，即事實認定者必須試著提出合理懷疑。

本書的內容其實正好體現了上述「超越合理懷疑」的理念內涵。首先，作者試圖透過對具體冤案（或可能的冤案）的分析，告訴讀者如何在實際審判中發現冤案的風險，這不正是在提醒這些可能成爲裁判員的日本公民們要嘗試提出懷疑，以及要如何提出懷疑？本書所謂「類型化的冤罪成因」或「理念型的冤罪性」概念，不正是在爲公民提出懷疑時提供合理的根據？作爲事實認定者的公民必須要在具體案件中，隨時注意案件中有沒有本書第二章、第三章、第五章、第六章、第八章至第十章所整理分析而得的類型化冤罪成因，主動提出有根據的、合理的懷疑，盡可能地排除控方主張中的冤罪風險。其次，這個理念同時也隱含著刑事訴訟與民事訴訟一個極爲重要的區別：它不僅要求審判者不斷地對原告方的主張內容提出質疑，還要求審判者對於原告方建立其主張的過程，亦即蒐集證據、偵訊被告及證人的整個過程也都提出質疑（這是第七章〈冤罪的權力論〉的主題）。

行文至此，我想做一個小結：一個好的事實認定者必須具備針對控方主張與建立主張的過程提出懷疑的能力，以及就懷疑進行思辨及論辯的能力；而他也只須具備這兩種能力就夠了。

對熟習刑事訴訟法的職業法官而言，上面提到的「超越合理懷疑」的理念，只不過基礎中的基礎知識；對於不清楚刑事訴訟的一般公民而言，也是很容易了解與接受的道理。問題是，即便是職業法官，在實際審理案件時也並非都能堅守這個理念。閱讀本書所舉的一些冤案，讀者可能會驚訝地發現，有一些職業法官怎麼好像完全沒有上面所說的那兩種能力？其實，日本的職業法官與我國一樣，都是智識水準非常高的一群人。職業法官會作出令人難以置信的離譜判決，有司法組織制度上的結構性因素，可能無法用

「恐龍法官」一語來說明。而這一點正是日本創設裁判員制度的重要原因之一。把不屬於司法組織內的公民引進審判程序，讓他們成爲判斷者，藉此或許可以讓職業法官擺脫結構性因素的束縛，找回刑事訴訟基礎理念的初衷。

讓一般公民擔任刑事案件的審判者，自然會引起像是：不懂法律的老百姓不可能做出合乎法律的公平判決；素人法官的判斷容易流於情緒化或網路鄉民式的不負責任的簡單邏輯等等批判。日本在籌備裁判員制度的最終階段，我正好在東京留學，當時有許多非出身法律科系的日本友人對自己能否勝任裁判員感到憂慮，也曾經聽到專攻刑事法的大學教授用「要是我哪天不小心成爲刑事被告，我才不要賣菜的人當審判我的法官」這種語言來表達他對裁判員制度的不滿與反對。這兩種反應十分耐人尋味：對同一件事情，一般公民抱持著謹慎、憂慮的態度；相對於此，具有深厚法學素養的大學教授卻以網路鄉民式的簡單邏輯來進行批判。

一般公民成爲審判者，當然有作出流於非理性的判決的危險，不過具備深厚法學素養的法律專業人士，也同樣有作出未經思辨的認定的可能。職業法官可能會因爲不自覺地順服於組織結構而作出僵化的判斷。而一般公民或許會因爲不懂法律以及法律背後的立法精神，而容易無視法律。所以，規畫公民參與審判制度的專家學者，有責任設計出一套讓公民可以快速進入狀況的程序。而在具體案件中，參與審判的法律從業人員（包括法官、檢察官、律師）也有責任用深入淺出的方式來「教導」或「引導」作爲審判者的公民，使他們了解法律以及自己的主張或論點。這件事情並不容易辦到，但這才是法律從業人員專業性的所在。

本書的日文書名《教養としての冤罪論》的意思是，書中的冤罪論是可能成爲審判者的公民最好能具備的「教養」或「素養」。而如前所述，它們對於職業法官來說則更是必備的，不能有一刻或忘的基本理念。作者透過既存冤案的觀察分析所得出的類型化冤罪成因，對於職業法官以及可能成爲審判者的公民成爲一個好的事實認定者必然會有所助益。在台灣司法院正致力於推動實施人民觀審制，以及再審制度剛剛歷經重大變革的現在，冤獄平反協會將本書翻譯介紹給台灣讀者，確實有重大的意義。

台灣冤獄平反協會簡介

鑑於冤案在台灣持續發生，台大法律學院王兆鵬教授與羅秉成、葉建廷、高涌誠等律師發起，於二〇一二年正式成立台灣第一個專注於冤案救援的組織——「台灣冤獄平反協會」。

設立本會的構想濫觴於美國 Barry Scheck 與 Peter Neufeld 兩位律師於紐約創辦的「無辜計畫」（Innocence Project）。該組織自一九九二年創立至今，已成功透過ＤＮＡ鑑定讓超過三百位冤獄受害人獲得平反。本會師法國外成功經驗，以實際行動救援國內冤錯案件的無辜受害者，並尋求與全球各地冤案救援組織建立國際性的連線與合作。

我們的任務包括：一、救援無辜者；二、分析誤判原因；三、推動制度改革；四、協助冤獄受害者重返社會；五、追究國家責任。

協會的成員涵蓋律師、學者、社會團體、企業界、醫學界及宗教界等專業人士，藉由多元化成員組成，以使不同領域的專家皆能發揮所長，爲無辜受害者爭取平反，我們將持續努力爲台灣冤獄受害者帶來曙光，並朝減少司法誤判之目標邁進，以期待台灣社會得以更加平安。

冤獄平反協會
TAIWAN ASSOCIATION FOR INNOCENCE

官網：http://www.tafi.org.tw/
地址：10646 台北市羅斯福路三段 75 號 10 樓
電話：02-23676578
傳眞：02-23677435
電郵：twnafi@gmail.com

國家圖書館出版品預行編目資料

冤罪論：關於冤罪的一百種可能
森炎 著　洪維德、劉家丞、孫斌、白禮維、洪士軒、趙政揚、
郭亭妤、顏榕、林廷翰、謝煜偉 譯
初版 . -- 臺北市 : 商周出版 : 家庭傳媒城邦分公司發行
2015.11　面；　公分

譯自：教養としての冤罪論

ISBN 978-986-272-920-5 (平裝)

1. 刑事審判　2. 日本

586.5　　　104021618

冤罪論：關於冤罪的一百種可能

原著書名／教養としての冤罪論
作　　者／森炎
譯　　者／洪維德、劉家丞、孫斌、白禮維、洪士軒、趙政揚、郭亭妤、顏榕、林廷翰、謝煜偉
責任編輯／陳玳妮

版　　權／吳亭儀
行銷業務／李衍逸、黃崇華
總 編 輯／楊如玉
總 經 理／彭之琬
發 行 人／何飛鵬
法律顧問／台英國際商務法律事務所 羅明通律師
出　　版／商周出版
台北市104民生東路二段141號9樓
電話：(02) 25007008　傳眞：(02)25007759
E-mail：bwp.service@cite.com.tw
Blog：http://bwp25007008.pixnet.net/blog
發　　行／英屬蓋曼群島商家庭傳媒股份有限公司城邦分公司
台北市中山區民生東路二段141號2樓
書虫客服服務專線：(02)25007718；(02)25007719
服務時間：週一至週五上午 09:30-12:00；下午 13:30-17:00
24 小時傳眞專線：(02)25001990；(02)25001991
劃撥帳號：19863813；戶名：書虫股份有限公司
讀者服務信箱：service@readingclub.com.tw
城邦讀書花園：www.cite.com.tw
香港發行所／城邦（香港）出版集團有限公司
香港灣仔駱克道193號東超商業中心1樓
E-mail：hkcite@biznetvigator.com
電話：(852) 25086231 傳眞：(852) 25789337
馬新發行所／城邦（馬新）出版集團【Cite (M) Sdn. Bhd.】
41, Jalan Radin Anum, Bandar Baru Sri Petaling,
57000 Kuala Lumpur, Malaysia.
Tel: (603) 90578822　Fax: (603) 90576622
Email: cite@cite.com.my

封面設計／李東記
排　　版／極翔企業有限公司
印　　刷／韋懋實業有限公司

■2015年11月5日初版
■2021年3月22日初版3刷
定價360元

Printed in Taiwan

KYOYO TOSHITE NO ENZAIRON
by Honoo Mori

First published 2014 by Iwanami Shoten, Publishers, Tokyo.
This complex Chinese edition published 2015
by Business Weekly Publications, Inc., Taipei
by arrangement with the proprietor c/o Iwanami Shoten, Publishers, Tokyo
through Bardon-Chinese Media Agency.

商周出版

廣　告　回　函
北區郵政管理登記證
北臺字第000791號
郵資已付，免貼郵票

104　台北市民生東路二段141號2樓

英屬蓋曼群島商家庭傳媒股份有限公司城邦分公司　收

請沿虛線對摺，謝謝！

商周出版

書號：BJ0074　　書名：冤罪論　　編碼：

請於此處用膠水黏貼

商周出版

讀者回函卡

感謝您購買我們出版的書籍！請費心填寫此回函卡，我們將不定期寄上城邦集團最新的出版訊息。

不定期好禮相贈！
立即加入：商周出版
Facebook 粉絲團

姓名：＿＿＿＿＿＿＿＿＿＿ 性別：☐男 ☐女

生日：西元＿＿＿＿年＿＿＿＿月＿＿＿＿日

地址：＿＿＿＿＿＿＿＿＿＿

聯絡電話：＿＿＿＿＿＿＿＿ 傳真：＿＿＿＿＿＿＿＿

E-mail ：

學歷：☐ 1. 小學 ☐ 2. 國中 ☐ 3. 高中 ☐ 4. 大學 ☐ 5. 研究所以上

職業：☐ 1. 學生 ☐ 2. 軍公教 ☐ 3. 服務 ☐ 4. 金融 ☐ 5. 製造 ☐ 6. 資訊
☐ 7. 傳播 ☐ 8. 自由業 ☐ 9. 農漁牧 ☐ 10. 家管 ☐ 11. 退休
☐ 12. 其他＿＿＿＿＿＿＿＿

您從何種方式得知本書消息？

☐ 1. 書店 ☐ 2. 網路 ☐ 3. 報紙 ☐ 4. 雜誌 ☐ 5. 廣播 ☐ 6. 電視
☐ 7. 親友推薦 ☐ 8. 其他＿＿＿＿＿＿＿＿

您通常以何種方式購書？

☐ 1. 書店 ☐ 2. 網路 ☐ 3. 傳真訂購 ☐ 4. 郵局劃撥 ☐ 5. 其他＿＿＿＿

您喜歡閱讀那些類別的書籍？

☐ 1. 財經商業 ☐ 2. 自然科學 ☐ 3. 歷史 ☐ 4. 法律 ☐ 5. 文學
☐ 6. 休閒旅遊 ☐ 7. 小說 ☐ 8. 人物傳記 ☐ 9. 生活、勵志 ☐ 10. 其他

對我們的建議：＿＿＿＿＿＿＿＿＿＿

【為提供訂購、行銷、客戶管理或其他合於營業登記項目或章程所定業務之目的，城邦出版人集團（即英屬蓋曼群島商家庭傳媒（股）公司城邦分公司、城邦文化事業（股）公司），於本集團之營運期間及地區內，將以電郵、傳真、電話、簡訊、郵寄或其他公告方式利用您提供之資料（資料類別：C001、C002、C003、C011 等）。利用對象除本集團外，亦可能包括相關服務的協力機構。如您有依個資法第三條或其他需服務之處，得致電本公司客服中心電話 02-25007718 請求協助。相關資料如為非必要項目，不提供亦不影響您的權益。】

1.C001 辨識個人者：如消費者之姓名、地址、電話、電子郵件等資訊。
2.C002 辨識財務者：如信用卡或轉帳帳戶資訊。
3.C003 政府資料中之辨識者：如身分證字號或護照號碼（外國人）。
4.C011 個人描述：如性別、國籍、出生年月日。

請於此處用膠水黏貼